이스라엘과 창조경제

차례
Contents

왜 이스라엘에 주목하는가?

'이스라엘'하면 떠오르는 것이 뭐가 있을까? 성지순례, 검은 모자를 눌러 쓴 유대인, 아랍과의 분쟁 등이 이스라엘에 대한 일반적인 이미지다. 그저 성경을 통해, 이야기를 통해, 영화를 통해, 그리고 가끔 뉴스를 통해 듣는 정도에 불과하다. 이와 함께 작지만 강한 나라, 사람 이외에는 내세울 만한 자원이 없는 나라, 전 세계에 흩어져 살지만 모국의 문화를 계승하고 있는 나라라는 게 이스라엘하면 떠올리는 이미지이다.

그럼에도 불구하고 세계에서 가장 우수하고 창의적인 민족을 말할 때 우리는 이스라엘을 이루고 있는 민족인 유대인을 가장 먼저 꼽는다. 유대인을 이해하지 못하면 세계를 이해할 수 없다는 말이 있을 정도로 유대인은 전 세계에 지대한 영향을 끼치고 있나. 어떤 사람들은 "유대인 셋이 모이면 세상이 결정된다."고 말하기도 한다. 우리나라 1/5 정도의 면적을 가진 지중해 연안의 작은 나라. 그 작은 나라의 민족이 모든 영역에서 탁월한 실력을 발휘하고, 또 전 세계에 막대한 영향력을 끼치고 있기 때문이다. 그들은 이미 잘 알려진 바와 같이 노벨상 수상자의 20% 이상을 차지하고, 미국 아이비리그 학생의 30%를 차지하는 등 모든 분야에서 가장 창의적이고 탁월한 성취를 보이고 있다. 1948년 건국을 선포한 후 60여 년 만에 세계 24위의 경제 대국으로 성장한 것은 그들 말처럼 '기적'인지도 모른다.

유대인에 대한 관심은 '0.25% 대 25%'란 숫자에서 출발한다. 이는 이스라엘의 주된 구성원인 유대인들이 세계 전체 인구에서 차지하는 비중 대비 세계 최고의 두뇌들이 받는다는 노벨상 수상 비중을 뜻한다. 2013년에도 노벨상 수상자 12명 가운데 6명이 유대인이었다. 게다가 세계 최고의 투자가라는 워렌 버핏, 구글의 두 창업자인 래리 페이지와 세르게이 브린, 페이스북의 마크 저커버그, 영화감독 스티븐 스필버그, 미국 연방준비위원회 의장이었던 밴 버냉키, 2014년부터 새로운 미국 연방준비위원회 의장을 맡은 옐런 등이 모두 유대인이란 사실도 이스라엘에 대한 관심을 더 가지도록 만든다. 왜 그들은 노벨상 수상자를 그렇게 많이 배출했을까? 왜 유대인 중에는 세계적인 인물이 많을까? 무엇이 그들을 그렇게 만드는가? 이 같은 질문들은 유대인에 대한 관심 중에서도 가장 중요한 부분을 차지한다.

최근에는 전 세계가 이스라엘의 경제 기적에 주목하고 있다. 1948년 건국을 선포한 다음 날부터 아랍 국가들과 전쟁을 치러야 했던 이스라엘이 60여 년 만에 고도성장을 이룩할 수 있었던 비결을 배우고자 한다. 특히 세계에서 가장 혁신적이고 기업가 정신이 왕성한 곳이 이스라엘이라는 사실에 주목한다. 각국의 정책 담당자와 기업인들은 이스라엘이 지속적인 창업을 통해 끊임없이 새로운 일자리를 창출하고, 창의적인 벤처 기업들이 세계 시장에서 인정받으며 안정적인 경제성장을 유지하는 요인들을 벤치마킹하는 데 초점을 두고 있다. 이스라엘에 대한 관심이 증가함에 따라 이스라엘 정부는 '창업국가 투어'라는 여행 프로그램까지 만들었다. 성장의 비결을 배우러 오는 세계 각국의 사람들에게 이스라엘 경제성장의 비밀을 소개하는 관광 프로그램이다.

우리나라와의 공식적인 관계는 1962년 이스라엘과 수교를 맺고 상주 대사관을 개설하면서 시작되었다. 그러나 우리나라가 중동 지역에서 원유를 원활하게 수입하고 건설 시장을 확보하기 위하여 이스라엘에 적대적인 아랍 국가들과의 관계를 강화하자 두 나라의 관계는 위축되었으며, 1978년 이스라엘 주한 대사관이 폐쇄되기도 했나. 그러나 1980년대 이후 양국은 관계 개선의 필요성을 인식하여 1992년과 1993년에 각각 대사관을 다시 개설하면서 우호적인 관계를 지속하고 있다.

우리나라 사람들은 일반적으로 유대인이나 이스라엘에 대하여 우호적인 감정을 가지고 있다. 역사적으로 그들과 아무런 이해관계가 없었기 때문이기도 하지만 이스라엘이 독립 이후 중동의 아랍 국가에 둘러싸여서도 자신의 나라를 지키는 모습은 분단을 겪고 있는 우리에게 모범적인 사례로 다가왔기 때문이다. 동료의식을 느끼는 건지도 모른다. 두 나라 모두 자원이라고는 하나도 없이 인적 자원만을 바탕으로 짧은 기간에 고도의 경제성장을 이룩했기 때문이다.

우리 사회에서 이스라엘에 대한 관심이 증가한 것은 2008년 세계적인 금융 위기로 많은 국가들이 경제적 어려움에 직면하고 있는 상황에서도, 이를 잘 대처하고 있는 '강소국'들에 눈을 돌렸을 때부터였다. 강소국(强小國, Small but Strong Country)은 일반적으로 스웨덴, 네덜란드, 스위스, 싱가포르, 핀란드, 이스라엘 등 국토 면적과 인구 규모는 작지만 소득 수준이 높은 나라를 의미한다. 강소국들의 경제력은 세계 최고 수준의 국가 경쟁력을 그 원천으로 하며, 이 중 이스라엘은 좁은 영토와 내수 시장, 주변 중동 국가들과의 갈등에도 불구하고 유능한 인재를 기반으로 하여 세계 최고의 하이테크 국가로 발전했다는 점이 관심을 불러일으켰다. 1948년 건국 이후 4번의 전쟁을 겪으면서도 지난 60년간 50배 이상의 압축 성장을 달성하였다는 것이 우리의 상황과 유사하다는 점도 관심을 끄는 대목이다. 이스라엘 붐은 2011년 과학기술계에서 이스라엘의 기업가 정신과 벤처, 기술금융제도 등을 배우자는 열기가 가득했던 '특허 전쟁 2011 컨퍼런스', '국제 혁신 컨퍼런스' 등을 통해 잘 나타났다.

2013년에 들어서면서 새 정부가 화두로 꺼내든 창조경제의 모티브를 이스라엘에서 빌려왔다는 사실이 알려지면서 이스라엘에 대한 관심은 증폭되고 있다. 청와대를 비롯해 기획재정부, 미래창조과학부 등 정부 부처는 이스라엘 배우기에 한창이다. 기업계에서도 이스라엘 열풍이 불었다. 전국경제인연합회는 창조경제 프로젝트 발굴을 위해 글로벌 탐방단을 구성하기도 했다. 창조경제의 모범 사례가 될 만한 국가를 직접 찾아가는 것이 목적인데, 이스라엘을 첫 번째 탐방 국가로 선정한 것이다. 삼성도 새 정부가 내세운 창조경제의 본질을 파악하기 위해 이스라엘에 벤치마킹 조사단을 보냈고, 이 조사를 바탕으로 사내 통신망에 '삼성, 이스라엘에 창의성을 묻다'라는 제목의 시리즈로 그 내용을 소개하였다. 이스라엘에 대한 기사는 각 언론사에서도 지속적으로 다루고 있는 단골

메뉴이다. 그동안 키워드로 이스라엘을 치면 이스라엘의 국방력, 군대 그릭, 중동 분쟁 등을 다룬 콘텐츠만 있었으나 최근에는 창조경제와 관련된 콘텐츠가 넘치고 있다. 신문에서는 경제면은 물론이고 오피니언, 사설에서까지 한국이 '이스라엘식 창조경제'를 배우고 롤 모델로 삼아, 벤치마킹을 해야 한다고 주장한다. 방송국들도 이스라엘을 통해 창조경제의 필요성과 실천 방안 등을 제시하는 특별 프로그램을 경쟁적으로 방영하였다. 이 밖에 이스라엘을 벤치마킹하려는 노력은 이스라엘과 한국에서 끊임없이 열리고 있는 관련 세미나에서도 그 열기를 짐작할 수 있다.

출판계에서의 이스라엘에 대한 관심은 가히 폭발적이라 할 만 하다. 『창업국가』는 전임 이명박 정부 시절인 2010년에 청와대가 600권을 구입했던 것으로 화제가 된 책이다. 대표적 창업국가인 이스라엘의 사례를 담은 이 책은 박근혜 대통령의 창조경제론의 바탕이 된 것으로도 유명하다. 번역자가 훗날 창조경제를 추동할 핵심 부서인 미래창조과학부의 차관이 된 뒤 이 책의 판매량이 세 배 이상 늘었다고 한다. 이 책을 통해 이스라엘은 로켓포가 날아와도 생산 활동에 지장을 주지 않고 오히려 우수한 과학 기술을 바탕으로 제2의 실리콘 밸리가 되어 창업을 활성화하고, 나스닥에 가장 많은 기업을 진출시키는 등의 장점을 가진 나라로 인식되었다. 창조경제 전

도사로 불리는 번역자는 기회가 있을 때마다 이스라엘의 혁신 사례를 배워야 한다는 말을 하고 있다. 『경제 기적의 비밀, 이스라엘은 어떻게 벤처 왕국이 됐을까?』는 저자가 이스라엘에 살면서 겪고 들은 여러 이야기와 자료를 토대로 어떻게 이스라엘이 경제 기적을 이루어 냈는지에 대해 설명한 것으로, 우리가 잘 몰랐던 이스라엘을 이해하는 데 초점을 두고 있다.

이스라엘에 대한 관심은 자연스럽게 이 나라를 구성하고 있는 유대인에 대한 관심으로 옮겨지고 있다. 그동안 우리 사회에서 유대인에 대한 이해는 다양한 시각에서 이루어져 왔다. 유대인은 상술이 뛰어나고 이재에 밝으며, 전쟁이 나면 해외에 거주하는 유대인의 상당수가 조국으로 돌아가 전쟁에 참여한다는 등의 이야기는 우리에게 잘 알려져 있다. 또한 유대인들이 세계 곳곳에서 두각을 나타내고 있는 비결을 교육에서 찾으면서 그 교육의 내용과 방법에 대한 논의와 소개 역시 비교적 활발하게 이루어져 왔다. 자녀 교육에 있어서 유대인들의 유아 교육이나 습관 길들이기, 부모와 자식 간에 생각을 나누는 방법 등을 논의하고 소개하는 책들은 서점에서 쉽게 찾아 볼 수 있다.

유대인 교육이 새삼스럽게 다시 한국에서 주목받는 이유는 유대인의 성공과 이스라엘의 경제 기적이 그들의 교육에서 비롯되었다고 밝혀지고 있기 때문이다. 탈무드의 지혜, 유대인 대화법, 유대인 자녀 교육법 등 유대인 교육을 다룬 책이 베스트셀러 순위에 여러 권 올라 있으며 신간들도 지속적으로 나오고 있는 추세다. 『유대인 창의성의 비밀』, 『누구나 인재다: 유대인과 이스라엘, 그들의 창조경제를 엿보다』 등은 '유대인의 교육 시스템'과 '독특한 정신세계'에서 이스라엘의 창조적 저력의 근원을 찾고 있다. 이러한 책들은 창업국가 이스라엘의 근간이 창의적이고 모험적인 국민성에 바탕을 두고 있으며, 교육이 그 중요한 역할을 담당했다고 주장한다.

이스라엘과 유대인은 창조경제와 어떻게 연결될 수 있는가? 한국에서 이스라엘이 창조경제의 대표적 사례로 등장한 것은 이스라엘이 부족한 자원, 좁은 영토와 내수 시장, 주변 중동 국가들과의 갈등에도 불구하고 우수한 인적 자원을 바탕으로 세계 최고 수준의 국가 경쟁력을 지닌 국가로 발전하였다는 점과 2008년 세계적인 금융 위기로 많은 국가들이 경제적 어려움에 직면하고 있는 상황에서도 이를 잘 대처했다는 점 등에서 그 이유를 찾을 수 있다. 이와 함께 우리나라와 이스라엘이 지리적, 역사적, 사회·경제적인 부분에서 공통점을 지니고 있다는 것 때문에 자연스레 관심의 대상이 된 것으로 보인다. 우리나라가 중국, 러시아, 일본과 인접하고 있어 끊임없이 외세의 침략을 받았던 역사를 갖고 있듯이 이스라엘도 주변 아랍 국가들과의 끊임없는 영토 분쟁을 이어가고 있다. 또한 두 국가는 1948년 건국 이후 20세기 중후반에 급속한 경제성장을 달성하였다는 공통점을 지니고 있다.

우리가 이스라엘과 유대인에 대해 관심을 두는 것은 그들의 창조적 저력이 어디에서 비롯된 것인가를 밝히고, 이것을 한국 사회에 접목시킬 수 있는 방안을 모색하기 위한 것이다. 이스라엘은 창의성을 지닌 기업가의 도전 정신을 우선으로 한 창조경제 모델을 제시한다고 볼 수 있기 때문이다. 여기서 기업가의 도전 정신이란 어떤 일을 시작할 때 실패를 두려워하지 않고 아이디어를 우선 실천해 보는 것을 의미하며 이스라엘 창업 정신의 핵심이다. 이스라엘의 창업 정신은 '도전의 연속'이다. 실패는 보약이라고 믿는다. 오히려 실패를 맛본 사람이 성공 확률이 높다고 믿으며, 시스템을 갖춰 그들의 재기를 돕는다. 의지와 기술이 있다면 한 번의 실패 때문에 '루저'가 되지는 않는, 언젠가 '위너'가 될 수 있는 사회, 그것이 이스라엘 창조경제의 근간이다.

이러한 창의성과 도전 정신은 어디에서 나오는가? 이스라엘은 어떻게 창업국가를 이룰 수 있었는가? 이스라엘의 사례를 한국 사회에 적용할 수 있는가? 이 책은 바로 이러한 문제의식을 바탕으로 유대인과 이스라엘을 소개하고, 그들을 이해하기 위한 노력의 일환으로 쓰였다. 첫 번째 질문에 대해 필자는 오래 전부터 유대인의 특성에 주목해 왔다. 다른 민족과 상이한 그들만의 특성은 무엇이며, 그들을 끈끈하게 엮어 주는 끈은 어디에서 비롯되었는지 등의 문제에 관심을 기울여 왔다. 이러한 관심은 유대인의 창의성과 도전 정신을 이해하는데 중요한 실마리를 제공할 것으로 기대된다. 이는 창조경제의 벤치마킹 대상을 선정하는 것을, 단순히 이스라엘 경제 체계에 한정하지 않고 이를 만든 사람들이 어떤 특성을 지니고 있는지, 그리고 어떤 사회문화적 환경 속에서 그러한 시스템이 운영되고 있는지에 대한 검토에서부터 시작해야 함을 의미한다. 두 번째 질문으로, 이스라엘이 창업국가를 이룩한 이유는 무엇인가에 대한 논의는 그동안 활발히 진행되어 왔다. 이러한 논의는 앞의 질문에 대한 논의를 보다 구체화시킨 것이라 할 수 있다. 유대인의 특성과 함께 이 책에서는 이스라엘 사회가 지닌 제도적인 측면을 고려할 것이다. 이스라엘이 창업국가를 이룰 수 있는 배경에는 이를 뒷받침하는 구체적인 실행 방안 및 제도가 있기 때문이다. 그리고 이스라엘의 사례가 한국 사회에 적용될 수 있는가 혹은 한국 사회에 주는 시사점은 무엇인가 하는 이 세 번째 질문에 대한 논의는 우리가 가장 주의 깊게 검토해야 할 부분이다. 이스라엘 및 이스라엘의 경제 기적에 관한 관심이 그 자체로 끝나는 것이 아니라 창조경제를 지향하는 한국 사회에 교훈을 제시한다는 점에서 중요한 의미를 지니고 있기 때문이다.

두 얼굴의 이스라엘

이스라엘은 '두 얼굴'을 가졌다. 역사의 모진 굴곡과 그것을 통한 도전이 교차하는 곳이다. 2,000년간 뿔뿔이 흩어졌다가 1948년 기적적으로 탄생한 나라, 759만 명이라는 적은 인구와 부족한 자원으로도 아랍의 도전을 이겨내고, 세계적인 불황 속에서도 지속적인 경제성장을 누리는 나라다.

고난과 형극의 유대인

유대 민족이 등장한 것은 기원전 2000년 이전으로 추정된다. 아브라함이 유일신이라는 아이디어를 신봉하는 부족들을 이끌고 오늘날의 팔레스타인 땅에 정착한 시기이다. 이 아이디어로 인해 유내 민족은 주변 이민족과의 분쟁으로 역사를 시작하고 마감하는 질기고 고된 삶을 이어가게 되었다. 1948년까지 유대인들은 자기 나라를 갖지 못한 고난의 역사를 가지고 있다. 유대인의 고난의 역사는 막스 디몬트가 밝힌 바와 같이 여섯 차례의 도전으로 이해될 수 있는데, 그때마다 그들은 고난을 이겨내며 오늘에 이르렀다(막스 디몬트, 1990).

제1의 도전은 유대인의 존속을 위협한 이교(異敎)의 세계에서 비롯되었다. 당시 유대인들은 소수의 유목민에 지나지 않았으며, 바빌로니아, 아시리아, 페니키아, 이집트, 페르시아 등 강대 민족들의 틈바구니에서 기적적으로 살아남았다. 앞의 민족들이 모두 사라져 가는 1,700년 동안에도 유대인의 맥은 이어졌다. 오랜 유랑과 노예 생활, 전쟁의 살육과 추방이라는 역경 속에서도 살아남은 그들은 고향으로 돌아왔다.

그러나 이번에는 그리스, 로마의 압제 속에서 살게 되었다. 기독교로의 개종을 거부한 수많은 유대인들이 로마의 노예로 끌려갔다. 이것이 그들에게 던져진 제2의 도전이었다. 유대인이 그 도전을 물리치고 살아남게 된 것은 하나의 기적이었다. 모든 것이 그리스화되고, 로마화되는 시기에도 유대인들은 살아남았기 때문이다.

제3의 도전은 디아스포라(Diaspora)라는 독특한 현상으로 나타났다. '디아스포라'란 그리스어로 '이산(離散)', '흩어진다'라는 뜻으로 팔레스타인을 떠나 이교도 세계에 흩어져 있던 유대인들을 가리킨다. 기원전 7세기에 바빌로니아인에 의해 예루살렘에서 쫓겨나 19세기 게토(Ghetto)에서 해방되기까지 유대인들은 작은 그룹으로 나뉘어 세계 곳곳에 고립되어 살았다. 어떻게 유대인들은 그들을 에워싼 다른 민족에게 동화되거나 흡수되지 않고 견딜 수 있었을까? 그 힘은 유대인들의 종교적인 법전인 탈무드에서 찾을 수 있다. 탈무드는 유대인을 단결시키는 힘과 정신적 구심점이 되었기 때문이다. 그래서 이 시기를 '탈무드 시대'라고 하며, 약 1,500년 동안 탈무드는 눈에 보이지 않는 통치자가 되어 유대인을 다스려 왔다.

탈무드는 구약성서가 쓰인 뒤 유대교의 법률, 전통적 습관, 축제, 해설 등을 모아 편집한 것으로 성서 다음으로 유대인들의 정신적인 지주가 되어 왔다. 또한 오늘을 살고 있는 우리의 생활에까지 깊이 관여하고 있기 때문에, 탈무드는 유대인들의 5,000년에 걸친 지혜이며, 지식의 보고라고까지 말할 수 있다. 여기에는 유대인들의 종교적 생활만이 아니라 법적 규정이나 판례집까지 포함되어 있어서, 당시 유대 민족의 생활 양식을 이해하는 데 귀중한 자료가 되고 있다.

제4의 도전은 7세기 마호메트에 의해 창시된 이슬람교의 등장에 의해 이루어졌다. 100년도 지나지 않아 이슬람 제국은 서양 문명을 압도할 정도로 강해져서 그리스도교도들을 배척했으나 다행히 유대인들에게는 관용을 보였다. 이는 아마도 마호메트 자신이 유대교 경전인 구약에 의해 결정적인 영향을 받았기 때문일 것이다. 바로 이슬람교의 핵심인 '창조주 유일신' 사상이다. 이슬람교의 경전인 코란에도 구약성경의 아브라함, 이삭, 야곱, 요셉, 모세의 이야기가 있어 이슬람교가 유대교의 영향으로 탄생되었다는 주장 역시 같은 맥락으로 이해할 수 있다. 이 시대의 유대인은 문학, 과학 등 여러 분야에서 금자탑을 쌓아올렸다. 그러나 700년이 지나 이슬람 세계가 붕괴됨에 따라 이슬람 세계의 유대인 문화도 붕괴되었다.

제5의 도전은 중세에 이뤄졌다. 이 시기는 유대인들이 가장 조용하게 역사의 뒤안길에서 숨죽이며 살거나 처절하게 저항하면서 보낸 기간이었다. 기독교권에서 유대인들은 죄인의 멍에를 짊어지고 삼류 시민으로 살아갔다. 그러나 1,200년에 걸친 암흑시대를 유대인은 정신적으로, 또 문화적으로 이겨내고 살아남았다. 기독교의 이름으로 정복된 국민들은 모두 기독교로 개종했으나 유대인만은 개종하지 않았다. 이후 게토의 벽이 무너지고 유대인이 서구 문명의 핵심적인 역할을 담당하게 되는 데는 한 세기밖에 걸리지 않았 다. 게토의 잔재가 아직 남아 있던 1세대들은 영국과 프랑스의 수상이 되었고, 사업가, 군인이 되었으며 유럽의 사상을 다시 형성하는 데 앞장선 지적 선구자가 되었다.

제6의 도전은 19세기와 20세기의 국가주의와 파시즘의 출현에서 비롯되었다. 특히 1850년 이후 서구 정신의 악성 질환으로 묘사되는 반(反)유대주의는 유대인의 운명에 중대한 영향을 끼쳤다. 반유대주의는 국가주의와 인종차별주의가 혼합되어 나타난 것으로 600만 명의 유대인 학살의 원인이 되었다. 스필버그 감독이 제작한 「쉰들러 리스트」에 잘 그려진 바와 같이 홀로코스트(Holocaust, 유대인 학살)는 20세기 역사에서 인류가 가장 부끄럽게 여기는 참혹한 현장이다.

유대인들은 홀로코스트의 과거를 결코 잊지 않는다. 이스라엘은 독립 기념일 전날을 홀로코스트의 날로 지킨다. 독립을 자축하기 이전에 유대인들은 반유대주의의 희생 제물이된 '홀로코스트 동포'를 생각한다. 예루살렘에 있는 600만 대학살 홀로코스트 추모관인 '야드 바셈'에는 이런 글귀가 있다. "용서는 하지만 망각은 또 다른 방랑으로 가는 길이다." 젊은세대가 혹시라도 조상들의 고난을 잊어버릴 것을 염려해서반복하여 교육을 시키고 있는 것이다.

나치의 압박에서 해방된 유대인들은 힘을 모아 새로운 유대 국가 건설이라는 목표를 향해 나아갔다. 유대인들은 한 나라에서 다른 나라로 도망쳐 가기만 해서는 안전하게 살아갈수 없으며, 자기 나라를 세워야만 자신을 구할 수 있다고 생각했다. 이런 움직임의 배후에 있는 원동력은 시오니즘(Zionism)이다. 시오니즘이란 과거의 이스라엘 땅에 유대 민족의 독립 국가를 재건하기 위한 운동이라는 뜻이다. 유대인들은 이산을 초래한 로마 시대 이후 줄곧 조상의 땅 이스라엘로 되돌아간다는 종교적 열망을 지니고 있었다. 유대인 집단 학살과 점차 고조되는 반유대주의로 인하여 유대인들은 독립국가 재건의 필요성을 더욱 뼈저리게 느끼게 되었다. 19세기 말 나라를 세우기 위해 시작된 시오니즘 운동은 팔레스타인으로 이주한 유대인들이 1948년 영국의 통치가 종료됨과 동시에 이스라엘 건국을 선포함으로써 그 열매를 맺었다.

기적의 산물, 이스라엘

1948년 5월 14일, 팔레스타인의 유대인 지역에는 긴장과 기대 섞인 고요가 감돌았다. 북부 옛 도시 사파드부터 남부 네게브 사막 황무지까지, 예루살렘 골목길에서 새 도시 텔아비브 광장까지, 곳곳에서 유대인 65만 명이 라디오 주위에 모여들었다. 오후 4시 정각, 잡음을 뚫고 그들의 지도자 다비드 벤구리온(David Ben-Gurion)의 목소리가 흘러나왔다. 노전사는 감격에 겨운 목소리로 외쳤다. "유대 민족의 역사적 권리와 국제연합의 결의에 의해 우리는 팔레스타인에 유대 국가를 수

립하고, 그 나라를 이스라엘이라 부를 것을 선포한다." 이스라엘이 세워진 역사적 순간이다(김남주, 2013).

팔레스타인 지역에서 유대인 국가의 탄생은 기적의 산물이다. 이것은 전 세계 유대인들의 단결과 역량의 총집결인 것이다. 이스라엘을 건국하는 데 있어 미국의 도움을 받은 것은 사실이나 결국 유대인들 스스로가 만들어낸 것이기 때문이다.

1948년 건국 이후 세계 각 지역에 흩어져 살던 유대인들은 새로 건설된 조국을 찾아 귀국하기 시작하였으며, 하나의 통합된 민족국가로 자리매김 하였다. 당시 이스라엘로의 귀환 행렬은 제2차 세계대전 이후 유럽 대륙 도처에 산재해 있던 난민촌의 유대인들로 이뤄졌고, 약 33만 명이 조국으로 귀환했다. 중동 지역에 거주하고 있던 약 23만 명의 유대인들도 귀환 대열에 합류했다. 이후에도 이스라엘로의 귀환 인구는 꾸준히 증가하여 1998년까지 해외 유대인들의 귀환자 수는 260만 명에 달했다(강영수, 1999). 이주 과정에서 유대인들은 이스라엘 국민이 되기 위해 시험을 치를 필요가 없었다. 이스라엘에 와서 자기는 시민이라고 말하기만 하면 그것으로 족하였다. 이스라엘에 살고 있는 모든 아랍인에게도 시민권을 주었다. 선거권, 보통교육을 받을 권리, 능력에 따라 직업을 선택할 권리가 성, 종교, 종전의 신분 여하를 막론하고 모든 사람에게 주어졌다.

이후 이스라엘로의 유대인 이주는 지속적으로 이루어졌으며, 특히 1990년~1997년 사이에 구소련 지역에서 이주한 70만 명 이상의 유대인은 이스라엘 경제성장에 크게 기여한 것으로 평가되고 있다. 구소련 지역에 거주하던 유대인들은 소련이 몰락하기 시작할 때 미국으로의 이주를 원했다. 그러나 미국 이민정책자들의 반대로 뜻을 이루지 못하고 대신 이스라엘을 택했다. 이스라엘은 기회를 놓치지 않았다. 구소련 지역에서 이주한 유대인들은 대략 60% 정도가 대졸 학력으로(이스라엘 국민의 평균은 30~40%) 이들의 이주는 이스라엘의 경제성장에 유리하게 작용했다. 이들 중 상당수는 과학, 공업, 수학 등에 뛰어난 능력을 보였다. 이들은 엔지니어, 매니저, 교수 등이 되어 성장에 질적·양적으로 큰 보탬이 되었다. 특히 컴퓨터와 같은 첨단산업에 종사하던 그들은 이스라엘의 첨단산업 수준을 빠르게 성장시켰다. 이스라엘 정부는 이들을 효율적으로 지도 관리하여 벤처기업이 꽃피우는 토대를 마련했으며, 오늘날 구소련 유대인들은 이스라엘 하이테크 기술자의 절반을 차지하고 있다(Gilder, 2009). 많은 전문가들은 이스라엘이 21세기 첨단산업의 핵으로 부상한 이유 중 하나로 구소련에서 이주한 유대인의 역할을 꼽고 있다.

이스라엘은 북쪽으로는 레바논, 동쪽으로는 요르단 그리고 서쪽으로는 지중해에 접하고, 뾰족한 V자 모양의 남부 지역은 서쪽으로는 이집트, 동쪽으로는 요르단과 국경을 맞대고 있다. 국토의 전체 면적은 20,770km^2로 한반도의 약 10분의 1 정도 크기이지만 남북으로 470km, 동서로 최대 135km에 달하는 좁고 긴 모양 때문에, 사막과 고원 등 다양한 지형을 갖추고 있다. 인구는 약 759만 명(2012년 기준)으로 유대인이 75.5%, 아랍계 및 기타 민족이 24.5%이다. 수도는 예루살렘이다. 예루살렘은 전 인류의 상당수가 신봉하는 기독교와 이슬람교, 그리고 유대교의 종교적 중심지이다. 공용어로는 고대 유대인들의 언어였던 히브리어를 다시 부활시켜 채택하였다. 영어는 제2외국어로서 이스라엘 국민들이 폭넓게 사용하고 있다. 모든 도로와 공공장소의 표지는 히브리어, 아랍어, 영어로 함께 표기하고 있다. 중동 지역에서는 유일하게 크네세트(Knesset)라는 의회가 있는 민주주의 국가이며, 의회는 4년마다 총선을 통해 선출된 120명의 의원으로 구성된다. 공식적인 국가 원수는 대통령이지만 의회 다수파의 지도자인 총리가 실질적인 행정 권한을 행사한다.

이스라엘은 1948년 건국 이후에야, 비로소 세계 각지에 흩어져 살던 유대 민족이 일정한 영토를 갖고 공동체 생활을 하기 시작했기 때문에 비록 유대인이라는 민족 정체성은 갖고 있지만 실질적으로는 다양한 혈통과 문화가 존재하는 모자이크 사회이다. 설사 다른 혈통과 문화를 가진 시민들이 과격한 주장을 하더라도 그들이 실제로 폭동이나 소요 사태 등을 일으키지 않는 한 의사 表현의 자유를 인정받는다.

사회 구성원 간의 관계도 예의와 형식보다는 실리를 앞세우고 실질을 중시하여 사장이라도 넥타이를 거의 매지 않는다. 일반적으로 이스라엘 사람들은 일에 열심이다. 이스라엘 회사에는 대부분 점심시간이란 게 없다고 한다. 샌드위치 한 조각과 바나나 하나면 족하다고 한다. 오늘날 이스라엘은 다양한 사회 집단 간의 이해에 바탕을 두고 자신들의 필수적 가치들, 즉 조상의 땅에 유대 국가를 건설하려는 꿈, 지속적인 유대인들의 이주, 아랍으로부터의 도전 격퇴 혹은 아랍과의 평화 획득 등을 위해 나아가고 있다. 군사력은 과거 4차례에 걸친 아랍과의 전쟁에서 잘 드러났고, 외교에서는 세계 초강대국인 미국의 절대적 지지를 받고 있다. 특히 미국으로부터의 지지는 "이스라엘의 국익을 해치는 정책을 고집하는 미국 정치인은 성공하기 힘들다."는 말이 돌 정도로 절대적이다.

이스라엘은 독립 후 국가 안보를 최우선의 가치로 설정하여 사실상 모든 부분이 이에 종속되어 왔다. 이로 인해 서구 사회의 문민 우위 전통과는 사뭇 다른 독특한 군사 문화가 사회 전반에 스며들어 있다. 인구의 대다수는 도시에 거주하며 전형적인 서구식의 일상생활을 영위하고 있지만 키부츠(Kibbutz)라고 하는 독특한 집단농장 거주민들도 있다. 이 농장에서는 의사 결정, 음식 장만, 경제활동, 자녀 교육 등 모든 것이 공동으로 결정되고 수행된다. 이런 집단농장은 전통적으로 유대인들의 농업 생산의 기반이었으나 현재는 가내수공업이나 도시화된 공동체인 모샤브(Moshav)에 자리를 내주고 있다.

이스라엘은 유대인이 중심을 이룬 엄격한 부계 사회지만 사회구조나 업무 수행에 있어서는 성차별이 거의 없다. 이스라엘에서는 남녀 모두 18세에 징집되며 남자는 3년, 여자는 2년 동안 의무적으로 군 복무를 해야 한다. 이스라엘 군대는 내국인뿐만 아니라 세계 각국의 용병들도 적극적으로 끌어들이고 있다. 이로 인해 군대는 약 80여 개 국의 서로 다른 언어, 문화, 생활환경 속에 있던 이주민들을 유대 사회의 시민으로 재교육 시키는 용광로 역할을 하고 있다. 또한 국가에서 다산을 장려하므로 여성들은 출산과 양육으로 인해 불이익을 당하지 않는다. 국민보험제도 덕분에 산모들은 분만 및 산후 조리 비용의 혜택을 받으며, 직장에 다니는 엄마들에게는 3개월 유급 출산 휴가와 1년간의 양육 휴가도 보장된다. 자녀를 둔 여성은 하루에 9시간 이상 일할 수 없도록 하고 있으며, 자녀가 아플 때는 휴가도 낼 수 있다. 다른 사회제도들도 가정을 생활의 중심에 두도록 이루어져 있다. 그래서 이스라엘에서는 전체 부부의 95%가 맞벌이를 하며, 가사나 육아를 남녀가 평등하게 나눠 하는 풍토가 굳어져 있다. 이스라엘 부모들이 합리적이고 너그러울 수 있는 것도 이러한 사회구조 덕분이라고 볼 수 있다.

이스라엘 교육 체제의 목표는 윤리·종교·문화·정치적 배경이 다른 곳에서 온 사람들과 함께 공존하는, 민주적이고 다원적인 사회의 책임 있는 구성원이 되도록 하는 데 있다. 이스라엘은 6세부터 16세까지 의무교육이며, 정규교육은 초등교육(1~6학년), 중등교육(7~9학년), 직업교육(10~12학년)으로 이어진다. 학교는 성격에 따라 대부분의 학생들이 다니는 공립학교, 전통 및 계율과 같은 유대인 교육에 중점을 두는 공립종교학교, 아랍어로 교육하며 그들의 역사 및 종교, 문화에 중점을 두는 아랍과 드루즈학교 그리고 사립학교로 나뉜다. 이스라엘은 아랍 국가들과 대치하는 상황에서도 국가 예산을 국방보다 교육 분야에 더 많이 할당해 왔으며, 비중이 국가 총소득의 약 10%에 달한다.

1948년 건국 이후 미국 및 서방 유대인들의 지원과 홀로코스트에 대한 독일 정부의 보상은 이스라엘 경제성장(건국 후 19년간 연평균 10% 성장)의 견인차 역할을 해왔다. 이후 고급 인력을 이용하여 중동 지역에서 유일한 산업국가로 성장하기 위해 노력하였다. 그러나 당시 이스라엘이 내세울 만한 기업, 기술, 금융기구 등은 없었다. 과학 분야에도 중요한 진보는 없었다. 초기 이스라엘의 연구 능력은 공공 분야, 국방 분야, 농업 분야에 한정되었다. 1965년 후기 연구개발(R&D) 투자는 GDP의 1% 미만이었으며, 노동자의 0.1%만이 엔지니어였다. 당시 미국의 한 개 주(캘리포니아, 뉴욕, 뉴저지 등)가 이스라엘 전체 기업을 능가했으며, 해외에서 활약하고 있는 유대인들이 이스라엘 내에서 유대 민족이 이룬 성과를 압도하였다(Gilder, 2009). 이스라엘 경제는 1973년 제4차 중동전 이후 약 10년간 침체 국면을 겪기도 했다. 이 시기 인플레율은 450%에 달할 정도로 이스라엘 경제는 위기였다. 이 시기 이스라엘은 군사 및 농업 몇몇 분야를 제외하고는 상대적으로 보잘 것 없는 기술력을 가진 국가였다.

글로벌 기술 혁신의 엔진, 이스라엘

1985년에 실시된 경제안정화 프로그램은 정부 부채를 감소시키고, 인플레이션을 줄이는 데 결정적인 역할을 하였다. 이 정책에 따라 이스라엘 정부는 경제 부문에서 규제를 줄이고 민간 부문을 활성화하는 데 주력하였으며, 정부의 대외의존도를 감소시키게 되었다. 이후 민간 부문을 더욱 활성화하기 위하여 세금과 투자 원칙 등에 관한 조치도 강구되었다. 경제안정화 프로그램의 실시는 이스라엘 경제가 성장하는 것뿐만 아니라 당시 구소련에서 유입되는 유대인들에게 직장을 제공하는 데에도 크게 기여했다. 대량 이주가 시작된 1989년에서 1996년 사이 이스라엘의 실업률은 2.6%에 불과하였다. 이는 이주가 매우 성공적이었으며 비이주민의 실업률을 낮추는 데에도 성공적이었음을 의미한다(Meinecke, 2013).

경제안정화 정책의 실시로 회복하기 시작한 이스라엘 경제는 제1차 팔레스타인 민중 봉기인 인티파다(Intifada)로 인하여 1988~1989년에 일시 후퇴 국면을 보였으나, 1990~1995년간 매년 6~7%의 실질 GDP 성장을 기록했다. 특히 1992년 노동당 집권 후 인접 아랍국 및 팔레스타인과의 평화 협상 진전과 개방 정책 시행에 따른 해외자본의 급격한 유입으로 매년 7% 이상의 고도성장을 기록하는 등 경제가 활성화되었다.

그러나 2000년 제2차 인티파다 발생과 하이테크 경기의 부진 및 세계 경기의 느린 회복으로 인하여 2001~2003년간 경제성장률이 급격히 저하되고, 인플레이션과 실업률이 증가하는 등 전형적인 스태그플레이션(Stagflation) 현상을 보였다. 2003년부터는 세계 경제, 특히 미국 경제가 회복세를 보임에 따라 하이테크 경기가 활성화되고 수출이 증가하고, 건설 경기가 되살아나는 등 2004~2007년간 약 5%대의 높은 경제성장률을 보였다(외교부, 2010). 특히 하이테크 부문의 성장은 이스라엘 경제성장의 견인차 역할을 했으며, 이스라엘은 글로벌 기술 혁신의 엔진이 되었다.

2008년 세계 금융 위기에 따른 세계 경제의 위축으로 이스라엘의 경제성장도 2008년 4%, 2009년 0.7%로 둔화되었다. 그러나 이스라엘 정부의 적극적인 경기부양책과 세계 경제의 회복세를 바탕으로 2010년 4.5%, 2011년에는 4.6%의 경제성장률을 보였다. 이스라엘의 경제성장은 수출과 지속적인 외국인 투자에서 찾을 수 있다. 국제적인 투자가들은 이스라엘의 경제적 잠재력을 높게 보아 투자를 아끼지 않는다. 혁신적기술과 연구를 강조하는 이스라엘 기업은 외국인 투자가들에게 매력적이기 때문이다. 특히 이스라엘이 지닌 고학력과 숙련된 기술력으로 무장된 노동력, 그리고 이스라엘에 위치한 인텔, 마이크로소프트, 모토로라, 구글, 휴렛패커드, 독일 텔레콤, 삼성 등 많은 국제적 기업의 연구개발센터 등을 이용할 수 있기 때문이다. 현재 이스라엘에는 미국과 유럽뿐 아니라 아시아를 포함한 200여 개 글로벌 기업이 R&D센터를 설립하고 인재 유치에 열을 올리고 있다. 미국에서 창업한 이스라엘 기업도 R&D센터는 이스라엘에 짓는다는 말이 있을 정도다. 외국인 직접투자는 2009년 44억 달러에서 2010년 51억 달러로 증가했으며, 2011년에는 110억 달러로 크게 증가했다.

현재 이스라엘은 세계 최고 수준의 첨단 기술을 보유한 강국이다. 스위스 국제경영개발원(IMD)의 국가 경쟁력 순위에 따르면 이스라엘은 전문화된 노동력, 벤처 창업, 연구개발 투

자 비율, 혁신 수용성 등에서 세계 1위, 과학기술과 경영 전
문성 등에서 2위를 차지한다. 특히 국내총생산(GDP) 대비 연
구개발(R&D) 비율과 벤처캐피털 투자 액수는 세계 최고이고,
그 결과 인구 1,500명당 벤처기업 수가 1개꼴로 국가 자체가
벤처기업에 근간을 둔 창업국가가 되었다(이희상, 2014).

오늘날 이스라엘은 '경제를 통한 평화'라는 전략을 내놓고
있다. 첨단기술로 무장한 경제 강국이야말로 이스라엘이 펼
쳐놓은 21세기 청사진이다. 사방이 아랍 국가들에게 포위되
어 있으면서도 사막을 옥토로 만들었고 지금은 IT(정보통신),
BT(생명과학), NT(나노 기술)에서 고루 세계 최강을 자랑하고
있다. 텔아비브에서 하이파에 이르는 지중해변에는 모토로라,
HP, 마이크로소프트, 퀄컴, IBM 등이 경쟁적으로 공장이나
연구개발 센터를 세웠다. "무(無)에서 유(有)를 창조하는 하이
테크는 미국과 이스라엘뿐"이라는 말이 있을 정도이다.

이스라엘의 하이테크 산업의 발전에는 경제와 국방, 국가
적인 생존 이유 등 여러 가지 요인이 있다. 주변 아랍 국가와
전쟁을 겪으면서 독자적인 군사력 배양과 고도화된 군사기술
개발에 매진하게 되었고, 이는 넓은 의미에서 국가의 하이테
크 산업을 발전시키는 결과로 나타났다.

오늘날 이스라엘의 하이테크는 군사 무기나 전자산업계에
서 괄목할만한 성장을 보이고 있다. 소프트 업체인 '에드소프

트'를 가리켜 미국의 빌 게이츠는 '가장 두려워하는 업체들 중 하나'라고 말한 바 있다. 게다가 인텔 펜티엄의 주요 부품이 이스라엘에서 설계되었고, '사이텍스'는 사진 출판 분야에서 세계시장을 독점하고 있다.

또한 이스라엘은 전 세계 인터넷 기반 기술의 15% 이상을 자체 개발했다. 이스라엘 인터넷 기업 중에서 가장 잘 알려진 기업 중 하나로 '미라힐리스(Mirahilis)'를 들 수 있다. 이 회사는 ICQ라는 특별한 프로그램을 개발했다. 현재의 많은 이스라엘 컴퓨터 과학자들은 소프트웨어 시스템과 패키지를 개발하고 있다. 소프트웨어 과학자들은 시장의 흐름과 요구 조건, 경향을 재빨리 파악하고 상품에 응용하는 뛰어난 능력을 보여 왔다. 특히 세계 시장에서 이미징과 음성인식, 음성 전달, 인공지능 객체 지향 어플리케이션 생성기, 데이터 통신, 캐드/캠, 멀티미디어와 교육용 소프트웨어 등의 분야에서 뛰어난 시장 장악력을 보여주고 있다(허용선, 2010).

2008년 세계벤처자본가 조사에 따르면 이스라엘은 텔레콤, 마이크로칩, 소프트웨어, 바이오 파마세티칼, 의학기구, 청정에너지 등 6개 분야에서 미국 다음으로 기술 혁신이 활발한 것으로 나타났다. 이는 이스라엘의 10배 이상 규모가 큰 독일과 비슷한 수준으로 인구수를 고려하면 이스라엘이 세계 최고 수준임을 알 수 있다(Gilder, 2009).

부족한 자원, 좁은 영토와 내수시장, 주변 아랍 국가들과의 갈등에도 불구하고 지속적으로 경제성장을 달성한 이스라엘은 2010년 경제우등생으로 경제협력개발기구(OECD)에 가입함으로써 자유시장경제가 확고하게 정착되었다. 이는 유대인 국가인 이스라엘을 세계 경제의 반열에 당당히 설 수 있는 계기가 된 반면 이스라엘 주변 국가들에게는 충격을 던졌다. 세계경제포럼(The World Economic Forum)은 이스라엘을 글로벌 경제 부문에서 26위, 이집트 107위, 요르단 64위, 레바논 91위로 발표하였으며, 내전 상태에 있는 시리아는 아예 포함시키지 않았다. 요르단, 시리아, 레바논 등 주변 나라의 GDP를 더해도 이스라엘에 미치지 못한다. 국제통화기금의 자료에 따르면 2012년 이스라엘의 1인당 국민총생산은 3만 3,000달러에 이르는 것으로 나타났다(Meinecke, 2013). 스위스 국제경영개발원(IMD)이 2010년 58개 국가를 기준으로 발표한 '세계 경쟁력 순위'에서 이스라엘은 종합 순위 17위를 차지했다. 이와 비슷하게 신용평가회사들도 이스라엘을 매우 높게 평가하였다. 2012년 스탠다드앤푸어(Standard & Poor)는 이스라엘의 신용 수준을 A+, 무디스(Moody's)는 A-, 피치(Fitch)는 A로 보았다. 이러한 결과는 이스라엘의 튼튼한 거시경제적 기초와 엄격한 재정 정책에서 비롯되었다고 볼 수 있다(State of Israel, 2013).

벤처왕국, 이스라엘

이스라엘은 벤처왕국이다. 이스라엘 정부 관료나 기업인들에게 기술벤처 창업이 많은 이유를 물으면 약속이라도 한 듯이 "과학은 돈이고 경제이기 때문"이라고 답한다. 한술 더 떠 "유대인들은 지금까지 '욕은 좀 먹더라도 돈이 되는' 금융업이나 다이아몬드 사업에 집중해온 것처럼 이제는 과학을 상용화하면 돈이 되니까 열심히 창업하는 것"이라고 설명한다 (강현우, 2013).

이스라엘은 벤처 강국이다. 기술에 기초한 벤처가 국가 경제의 밑거름이라는 신념이 일반화되어 있다. 스탠리 피셔 이스라엘 중앙은행 총재는 이스라엘이 창업국가로 유명하게 된

배경을 "창업은 유대인의 영혼이며, 유대인의 열정과 지식이 함께 어우러져 수십 년간 쌓이면서 이스라엘은 창업국가로 도약할 수 있었다."고 주장한다(김유태, 2013). 이스라엘이 창조경제의 모델로 떠오른 것도 세계에서 가장 활발한 벤처 창업이 일어나고 있는 국가이며, 이를 기반으로 놀랄만한 경제성장을 이룩했다는 점에서 비롯된 것으로 보인다. 실제 이스라엘을 다녀온 사람들은 하나같이 현지의 높은 창업 열기와 벤처정신에 놀라워한다. 텔아비브를 처음 방문한 여행객들이 놀라는 것 중 하나는 호텔이나 관광지에서 공짜로 구할 수 있는 도시 지도에 신생 벤처, 액셀러레이터(Accelerator: 신생 벤처의 사업 진행을 도와주는 회사나 기관), 투자 회사 등이 각각 다른 색깔로 표시됐다는 점이다. 이에 대해 신우용 코트라(KOTRA) 이스라엘 무역관장은 "많은 이스라엘 젊은이의 동선이 스타트업을 중심으로 짜여 있기 때문"이라며 "이곳에서 치열한 경쟁을 벌이고 있는 청년들의 역동성이 이스라엘 경제의 역동적인 심장 역할을 하고 있다."고 말한다(임원기, 2013). 많은 벤처는 독자적 기술력을 앞세워 시장에서 인정받는다. 벤처 기업의 규모가 커지면 창업자는 회사를 더욱 키워줄 수 있는 기업을 찾아 좋은 값에 넘긴다. 그리고 새롭게 시작한다. 유대인 특유의 도전적 기질 때문일 수도 있고, 더 많은 회사를 세워 '이스라엘'이라는 파이를 키우려는 애국심 때문일 수도 있다.

벤처 생태계가 확고하게 자리 잡고 있는 점도 주목할 만하다. 벤처로 성공한 기업인이 후배들을 지원하는 일종의 선순환 구조를 의미한다. 특히 벤처로 성공한 사람이 다시 엔젤투자자(자금이 부족한 창업 초기의 벤처기업에 자금 지원과 경영 지도를 해주는 개인투자자 - 편집자 주)가 되어 후배들의 창업을 돕는 것을 흔하게 볼 수 있다. 또한 벤처캐피털 개념도 많이 활성화되어 있어 벤처 생태계가 생성, 발전하고 또한 자금 회수까지도 원활하게 이루어지는 선순환 구조가 이루어지고 있다.

이스라엘의 벤처는 무럭무럭 자라고 있다. 2011년 6월 기준 이스라엘 벤처기업협회가 집계한 벤처기업은 8,226개다. 인구 936명당 한 개의 벤처기업이 있는 셈이다. 성공한 벤처도 많다. 미국 나스닥 시장에 상장한 이스라엘 기업은 57개다. 중국(164개), 캐나다(149개)에 이어 3위다. 이 가운데 시가총액 5,000만 달러 이하의 '나노캡' 업체는 20개다. 나스닥에 상장한 한국 업체가 8개에 불과하고 대부분 한국전력, 포스코 같은 대기업이라 나노캡 기업이 하나도 없는 것과는 대조적이다(박현영 외, 2012). 2~3억 달러 규모로 시작한 요즈마 펀드도 최근 30억 달러까지 커졌다. 민간 벤처캐피털 규모는 2009년 현재 9억 달러로 국내총생산(GDP)의 0.45%에 달한다. 구글 최고 경영자 에릭 슈미트가 "창업자에게 이스라엘은 미국 다음으로 최고의 나라"라고 했을 정도이다. 벤처 창업을 통해 이스라엘의 경제는 1995년 이래 전체 선진국의 평균보다 빠르게 성장한 것으로 나타났다.

2013년 이스라엘의 벤처 생태계는 더욱 다양해지고 강해 졌다. 인큐베이터(Incubator)는 25개가 설립되었고, 액셀러레이 터는 30개가 생겼다. 다양한 멘토링 서비스를 받은 많은 이스 라엘 기술벤처들이 글로벌화에 성공하고 있다. 현재 이스라 엘은 미국 실리콘 밸리 다음으로 해외 투자가들이 좋아하는 시장이 되었다. 국민 1인당 벤처캐피털 투자 규모만 보면 이 스라엘이 0.5%에 육박해, 미국 0.2%와 한국 0.1%를 압도한다 (강태영 외, 2014).

이스라엘의 벤처는 세상을 깜짝 놀라게 하는 혁신적인 아 이디어를 사업화하는 데 성공했다. 사람의 장기를 돌아다니 면서 내시경 촬영을 하는 알약이나 피부에 붙이면 몸속에 주 사약이 스며드는 패치, 바이러스가 인체에 해를 입히기 전에 함정에 가둘 수 있는 나노 입자 같은 생명공학 분야에서 두각 을 나타내고 있는가 하면, 최초의 인터넷 메신저인 ICQ로 오 늘날 네트워크 사회로의 진화를 예견한 것도, USB 메모리를 발명해 전 세계의 컴퓨터 사용 패턴을 바꾼 것도 모두 이스라 엘이었다(소병수, 2013). 이 밖에 인텔의 CPU, 히브리대학교의 방울토마토, 인디고(Indigo)의 디지털 인쇄기, 컴버스(Comverse) 의 음성메일, 모토로라의 휴대전화 기술 등도 이스라엘이 개발한 기술이다. 다음은 혁신적인 아이디어를 사업화한 이스라엘의 대표적인 기업들이다.

배터리 교체 시스템으로의 혁신,
베터플레이스(Better Place)

전기차 업계의 '애플'로 일컬어졌던 베터플레이스는 충전소에서 배터리를 교체할 수 있도록 해 전기차의 약점인 충전 시간 문제를 해결한 대표적 벤처기업이다. 전기차 업계의 '스티브 잡스'로 칭송받은 이 회사의 창립자 샤이 아가시(Shai Agassi)는 '간편한 충전'과 '값싼 차량 가격' 등의 아이디어로 승부를 걸었다. 그는 이스라엘 전역에 전기차 동력 제공을 위한 충전, 교환소를 설계하는 '전기차 전원공급망'을 구상했다. 신속하고 안전하게 전기차에 동력을 제공할 수 있다면 전기차도 기름으로 달리는 자동차와 경쟁할 수 있다고 내다본 것이다.

하이브리드 방식이 아닌 100% 전기자동차를 개발한 베터플레이스의 아이디어는 전투기 조종사 출신 직원이 창안했다. 로봇이 무거운 미사일을 55초 안에 전투기에 장착한 경험에 착안해 자동차의 무거운 배터리도 방전되었을 때 아예 통째로 바꿔버리면 되지 않겠냐는 평범한 아이디어를 냈는데,

이러한 생각이 바로 100% 전기차를 상용화시킨 방법이 되었다(김기현 외, 2013). 베터플레이스는 전기차 보급의 장애 요인을 극복하기 위해 부족한 충전 시설을 확충하고 긴 충전 시간을 없애기 위해 배터리 교환소를 설치하며 사업을 확장해 나갔다. 배터리 교체 시스템은 휴대전화처럼 배터리를 교체하는 것이다. 배터리 충전은 아무리 빨라도 일정 시간을 필요로 하며, 급속 충전 기술이 발달해도 주유를 하는 것보다는 빠르지 않기 때문이다.

도이체방크(Deutsche Bank)는 베터플레이스가 자동차산업에 있어 '패러다임의 전환'이 될 것이라고 예측했다. 시사주간지 「타임(Time)」은 2009년 '세계에서 가장 영향력 있는 100인'으로 샤이 아가시를 선정했고, 2010년 외교잡지 「포린 폴리시(Foreign Policy)」는 아가시를 '가장 영향력 있는 글로벌 사상가'로 뽑았다. 베터플레이스는 이스라엘에서 시범 운영을 시작한 이후 덴마크와 일본, 호주 등에 진출했다. 이 과정에서 이스라엘의 억만장자인 이단 오퍼를 비롯해 제너럴일렉트릭(GE), HSBC 홀딩스 등이 베터플레이스에 8억 5,000만 달러를 투자했다. 또한 프랑스 자동차업체 르노는 이 업체와 손잡고 전기차 '플루언스' 세단을 출시하며 시장에 뛰어 들었다. 2007년 설립 이후 베터플레이스의 기업 가치는 한때 22억 5,000만 달러에 이르기도 했다. 친환경 전기차를 세상에 보급한다는 슬로건 아래 베터플레이스는 이스라엘과 네덜란드 등 좁은 영토를 가진 나라에서 의미 있는 성과를 거둬왔다.

그러나 안타깝게도 베터플레이스는 비싼 차량 가격과 충전소 부족 등을 이겨내지 못하고 2013년 5월 파산했다. 파산을 신청하면서 베터플레이스는 "오늘은 우리에게 매우 슬픈 날"이라며 "친환경 자동차를 만들겠다는 창립자의 비전을 변함없이 지지하지만 불행히도 이를 실현하는 길이 매우 험난했다."고 밝혔다. 전기차가 석유 자동차의 대체 수단으로 주목받고 있으나 실제 대부분 시장에서는 높은 가격과 충전의 어려움으로 소비자들이 외면하고 있다는 분석이다. 또한 천정부지로 치솟을 것으로 우려되던 석유 가격이 안정세를 보이고 미국, 캐나다 등에서 셰일가스 개발이 본격화 되는 등 세계 에너지 시장의 지각 변동도 베터플레이스의 실패를 부른 이유의 하나로 볼 수 있다(최병일, 2013). 이스라엘 신문 하레츠는 "대중은 전기차와 사진 찍을 기회와 시범 운전해 볼 기회가 생겨 행복했으나 그것을 살 만큼의 열정은 없었다."고 보도했다.

이스라엘 벤처 기업의 신화 베터플레이스가 사업계획서 하나만으로 시작해 각국의 투자를 이끌어 내고 베터플레이스의 충전소와 호환되는 수십만 대의 자동차를 생산하는 성과를 이끌어 내면서, 미래 자동차 시장의 게임체인저로 부상하게 된 점은 결과를 떠나서 높이 살만하다. 그러한 도전 정신이 살아있는 한 전기자동차의 미래를 꿈꾸는 다른 사람들의 도전이 끊임없이 이어질 것이기 때문이다.

IT 보안의 강자, 체크포인트(Check Point)

체크포인트는 2012년 「포브스(Forbes)」가 선정한 세계 10위 소프트웨어 회사이다. 체크포인트는 1993년 인구 15만 명의 작은 도시 라마트간에서 의무 군복무를 마친 길슈웨드 현 회장을 비롯한 2명의 대학생에 의해 설립되었다. 이 회사는 당시 보급되기 시작한 컴퓨터 통신 시장에서 안전한 정보보안 기술이 필수적일 것이라는 아이디어로 시작했다.

이후 체크포인트는 임직원 2,200명에 한국을 비롯해 미국, 오스트리아, 벨기에, 체코, 덴마크, 핀란드, 프랑스, 독일 등에서 지사를 운영하는 글로벌 정보보안 회사로 성장했다. 지난 2009년에는 업계 선두였던 노키아로부터 보안 어플라이언스 사업을 인수하기도 했다. 이스라엘 텔아비브에 본사를 둔 체크포인트는 방화벽(Firewall), 그래픽 유저 인터페이스(Graphic User Interface: GUI)등 정책 관리 툴을 제공하는 솔루션을 만든다. 현재 88개국, 2,200여 개 기업의 보안을 책임지며, 「포춘(Fortune)」지 선정 500대 기업의 98%를 포함해 1만 개 기업이 체크포인트의 제품 및 서비스를 사용하고 있다. 2012년 체크포인트는 매출 13억 4,270만 달러를 기록했다(송종호, 2012).

오늘날 이스라엘은 세계 보안업계의 기술 혁신을 선도한다. 그 이유는 이스라엘이 불안정한 지정학적 위치와 정치 상황에서 찾을 수 있다. 이스라엘은 아랍 국가에 둘러싸인 테러의 위험지대라는 점에서 군대 및 산업을 중심으로 스스로를 지키는 데 몰두할 수밖에 없었기 때문이다. 여기서 출발한 탄탄한 보안기술은 글로벌 기업이 연구개발 센터를 설립하도록 유도했고, 이것은 다시 보안기술이 정교해지는 선순환을 이끌어 냈다고 볼 수 있다. 체크포인트는 이스라엘 보안 산업의 견인차일 뿐만 아니라 글로벌 기업으로서 세계의 IT 보안을 책임지고 있다(이설, 2011).

적은 양으로 더 많이, 네타핌(Netafim)

네타핌은 농업 기술의 독보적인 노하우를 가진 글로벌 1등 기업이다. 1965년 키부츠에서 출발한 네타핌은 물이 부족한 이스라엘에서 점적관수(Drip Irrigation, 방울 물주기)라는 기술로 물 문제 해결을 선도해 농업혁명을 일으키며 지속가능한 농업을 창출해 낸 회사이다. 점적관수는 땅 속에 파이프를 묻어 식물 뿌리에 필요한 만큼의 물만 공급하는 기술로, 수자원 과학자인 심카 블라스(Simcha Blass)가 파이프에서 조금씩 새어 나오는 물을 나무가 흡수하는 모습을 보고 점적관수 사업 아이디어를 냈다. 플라스틱이 일반화한 1960년대에 그는 이 기술을 특허출원하고 승승장구를 거듭했다. '적은 양으로 더 많이'는 네타핌 창립 초기부터 지금까지 유지해온 모토이다. 네타핌은 적은 양의 관수, 온실 기술, 작물 관리를 주력 분야로 삼고 독보적인 관수 시스템 회사로 성장했다.

네타핌의 핵심은 점적관수 기술이다. 이 기술로 플라스틱 미세관 끝에서 물방울을 똑똑 떨어지게 하거나 천천히 흘러나오도록 만들어 최소 수량으로 최대 농작물을 수확할 수 있다. 물의 누수를 방지하고 작물 재배의 혁신을 가져온 세계적인 기술로 네타핌은 현재 아시아, 남아메리카, 유럽, 호주, 러시아, 북아메리카 등 5개 대륙 110개국에서 사업을 하고 있으며, 최근에는 이슬람 국가에도 진출했다(이설, 2011).

바이오 농업 분야의 선두주자, 에보젠(Evogene)

에보젠은 세계적인 바이오그룹 컴퓨젠(Compugen)의 농작물 대상 유전공학 분과가 독립해 2002년 설립된 회사로, 농작물의 유전자를 조작해 부작용을 최소화하면서 생산을 최대화하는 방안을 연구한다. 또한 농작물의 유전자를 발견하고 발전시키는 것은 물론 농작물에서 에너지 자원을 확보하는 기술도 개발중이다.

에보젠 직원 120여 명 가운데 연구개발(R&D) 분야에만 90여 명이 일한다. 대부분 바이츠만 연구소(Weizmann Institute of Science) 또는 히브리대 농업대학 출신이다. 기술의 근원이 대학에 있는 셈이다. 지역 대학 출신이라 교수, 연구원들과 교류가 쉬워 조언도 많이 듣는다. 또한 바이츠만 연구소의 과학자를 매년 기술고문으로 영입해 기술개발 과정에서 도움을 받는다(김유림, 2011).

에보젠의 기술은 생명공학에 소프트웨어 기술을 융합한 것이다. 이곳에서는 분자생물학자, 로봇공학자, 컴퓨터 프로그래머, 정보처리 전문가가 함께 일한다. 에보젠에 근무하는 수많은 생명공학 전문가들의 지식이 식량 자원과 에너지 자원으로 가치를 가지려면 소프트웨어 기술의 지원이 필수적이기 때문이다. 에보젠의 사례는 아무리 뛰어난 공학적 지식이 있더라도 연구를 진전시키거나 실용화하기 위해서는 적절한 소프트웨어 기술의 도움이 꼭 필요하다는 것을 말해준다(소병수, 2013).

현재 에보젠은 1,500개 이상의 유전학 특허와 3,000개 이상의 자체 농작물 맵을 보유하고 있다. 에보젠은 창업 초기에 정부에서 공적 펀드 자금을 조달받았다. 이후 2008년 몬산토(Monsanto)에서 4,700만 달러의 자금을 조달받았고, 2010년에는 바이엘 크롭사이언스에서 2,000만 달러의 투자자금을 유치했다. 이를 통해 에보젠은 시가 총액 2억 600만 달러, 보유현금만 5,500만 달러가 넘는 이스라엘 최대 유전공학 기업으로 성장했다(김유태, 2013).

'구글 툴바' 콘두잇(Conduit)

콘두잇은 구글 툴바로 유명한 이스라엘 최대의 인터넷 기업이다. 콘두잇은 2000년 설립 당시 250만 달러의 요즈마 펀드를 투자 받으면서 글로벌 시장에 첫발을 내디뎠다. 당시 기술 가치 평가에서 합격점을 받아 이갈 에를리히 요즈마 그룹 회장이 높게 평가하여 콘두잇의 투자에 직접 관여한 것으로 알려져 있다. 창업 기업에 250만 달러는 작은 규모가 아니지만 콘두잇이 만든 구글 툴바는 2억 5,000만 명이 사용할 정도로 비약적으로 발전했다. 2007년 1억 달러의 인수 제안을 거절했던 콘두잇은 6년이 지난 현재 기업가치가 15억 달러에 달하는 것으로 평가받고 있다. 콘두잇은 2012년 4월에 JP모건에서 1억 달러를 추가로 투자받는 데에도 성공했다. "브라우저에서 어떤 것을 검색하든 콘텐츠를 검색할 수 있게 하려던" 작은 아이디어로 출발한 소규모 창업기업이 '제2의 구글'을 목표로 한 글로벌 기업으로 완전하게 탈바꿈한 것이다.

실로 CEO는 "설립 당시부터 글로벌 기업을 지향했다."며 작은 아이디어가 글로벌 기업으로 성장할 수 있는 발판이 됐다."고 말한다(김유태, 2013).

첨단 내시경 기술, 기븐 이미징(Given Imaging)

기븐 이미징은 군사 기술을 의료 기술에 적용해 성공을 거둔 대표적인 사례이다. 기븐 이미징은 몸속에 집어넣을 수 있는 비디오카메라를 개발했다. 이는 사람의 몸속에 있는 각종 기관들을 직접 볼 수 있는 장치로, 의사가 암이나 소화관 이상 등의 문제를 제대로 진단하는 데 큰 도움을 준다.

기븐 이미징이 개발한 내시경 필캠(PillCam)은 알약 크기의 장치로 소화관을 따라 여행하며 인체 사진을 찍는다. 캡슐을 삼키고 배출되기 전까지 사진을 찍는다. 마취할 필요가 없고 환자가 구토감을 느끼지 않는다는 장점이 있다. 카메라를 회수해 소화관을 들여다보기까지 시간이 걸리지만 복부에 설치한 센서를 통해 실시간으로 이 장치의 이동상황을 확인할 수 있다. MT 마이크로시스템 테크놀로지 연구소의 책임자 마틴 슈미트는 "이 장치는 일회용 소형 무선 기술의 대표주자이며, 이런 종류의 기계를 만드는 기술이 일상화되면 더욱더 손쉽게 이용할 수 있을 것"이라고 말한다.

이 제품은 "로켓 머리에 붙는 초소형 카메라가 알약에 들어간다면?"이라는 다소 엉뚱한 생각에서 출발했다. 미사일 타깃을 추적해가는 기술을 연구하던 로켓과학자 가브리엘 이단의 아이디어가 창업의 씨앗이 됐다. 그는 의사인 친구와 협력해 개발을 시작했으며, 이러한 아이디어를 듣고 군에서 개발 비용을 지원받았다. 처음에는 이 아이디어의 상용화 가능성을 낮게 평가했지만 결국 상용화에 성공했다. 2001년 기업 공개 후 기븐 이미징은 매출이 지속적으로 증가하여 주요 경쟁자들을 끌어들였다. 최근에는 세계적인 카메라 제조사인 올림푸스도 이 사업에 뛰어들어 알약 안에 들어가는 소형 카메라를 제작하고 있다(성일광, 2013).

기븐 이미징의 성공 스토리는 군사 기술이 민간 상업용 기술로 상용화되는 예를 보여주는 것이다. 또한 서로 다른 분야인 미사일과 의학 분야의 결합 뿐 아니라 의사들이 보는 데이터의 분석을 돕기 위해 광학에서 전자공학이나 배터리, 혹은 무선 데이터 전송, 소프트웨어까지 엄청난 수평적 혹은 수직적 기술을 결합시키는 예를 보여준 것이다.

성공 비결은 무엇인가?

이스라엘의 성공 비결은 무엇일까? 성공 요인들은 어디서 온 것인가? 무엇이 유대인을 이렇게 강하게 만드는 것일까? 그들의 두뇌가 명석한 이유도 있을 것이고, 교육이 우수한 이유도 있을 것이다. 탈무드에 의거해 대대로 내려오는 관습 역시 그들을 총명하게 만든다는 주장도 있다. 또한 '학문과 장사'에 뛰어난 지혜를 가지고 철저하게 살았기 때문이라는 주장도 있다. 이스라엘 기업인과 벤처 투자자, 학계 관계자 등은 벤처캐피털, 정부, 연구 기관이 유기적으로 어우러진 창업 인프라와, 실패를 두려워하지 않는 불굴의 기업가 정신을 창업 국가 이스라엘의 성공 비결로 꼽는다. 이를 다시 세분하면 '후츠파'로 대표되는 도전 정신을 바탕으로 한 정신적 측면, 수석 과학과실과 요그마 펀드를 필두로 한 정책적 지원, 그리고 공공 연구소와 대학에서 발명한 기술을 적재적소에 연계하고, 보다 큰 가치를 창출해내는 기술 지주회사 등 3가지 요인을 성공 비결로 꼽을 수 있다.

좁은 국토, 빈곤한 자원, 부족한 물에 아랍과의 분쟁까지 있는 상황에서 살아남기 위해 그들에게 평범한 것은 필요 없었고, 창조성은 필수적으로 필요했다. 사실 유대인의 성공은 대부분 기존 틀과 맞지 않는, 자기만의 독특한 개성에서 비롯되었다고 볼 수 있다. 그런 개성에서 새로운 창의력과 기발한 아이디어가 싹텄고 결국 결실을 맺은 것이다. 미국 내 벤처기업에 진출한 유대인 수가 압도적으로 많다는 사실이 그런 유대인의 독특한 기질을 잘 보여준다. 사실 유대인에게는 자신을 창조하는 일이 매우 중요하다. 그리고 이 같은 독특한 창조력은 유대인의 사고방식과 생활방식에서 생겨난 것으로 볼 수 있다.

유대인의 성공은 끈질기게 물고 늘어지는 종족 특유의 집념에서 오는 것으로도 볼 수 있다. 어느 분야에 종사하든지 유대인들은 끈질기게 자기 일에 몰두한다. 차별 없는 공정한 경쟁 무대만 마련되면 유대인들의 성공 확률은 어느 분야에서도 두드러지며, 이러한 추세는 앞으로도 계속될 것이다.

헝가리 태생의 유대인으로, 인텔의 창업자인 그로브는 창조적인 힘의 원동력이 '두려움'이라고 말한다. "편안하게 안주하는 생활에서 벗어나게 해주는 것은 두려움이다. 그것은 불가능해 보이는 어렵고 힘든 일을 가능하게 만들어 준다. 육체적 고통을 경험한 사람들이 더욱 건강 유지에 노력하는 것과 마찬가지다."라고 그는 설명한다. 수천 년 동안 고난과 핍박을 당한 유대인들의 '창조성'이 어디에서 나오는지를 분명하게 깨닫게 해 주는 말이다(홍익희, 2010).

이스라엘 사람들은 '절박함'을 중요한 이유로 꼽기도 한다. 그들은 "그렇게 하지 않으면 안 되는 이유"가 있어서 끊임없이 혁신을 할 수 밖에 없다고 주장한다. 그들은 싸우면서 논밭을 일구고, 국가 시스템도 정비해야 했다. 언제 폭탄이 떨어질지 모르는 상황에서 모든 일을 해내야만 한다. 이런 절박함 위에서 용기, 창의력, 민첩함이 피어났고, 이는 벤처 강국의 밑거름이 됐다. "조건이 나쁘니까 할 수 없다."라고 말하는 유대인은 없다. 어려움이 있다면 어떻게 해서 그 불이익을 극복할 수 있을 것인가 하고 필사적으로 머리를 싸맨다. 어려움이 있음에도 불구하고 상대를 이기는 방법을 연구한다. 이것이 유대인이다.

외부에서는 어떻게 볼까? 『창업국가』의 저자들은 이스라엘의 놀랄 만한 경제적 성공, 특히 창조적·혁신적 기업 분야를 설명하면서 국민적 자신감, 강한 사회적 결속력, 국제적 시각, 실패해도 좋기는 문화와 도전 의식 등을 중요한 요인으로 보았다. 요시 마티아스 구글 이스라엘 지사장은 "이스라엘의 젊은 기업인과 엔지니어들은 교육 수준이 높고 아무것도 없는 땅에서 건국을 일궈낸 이스라엘의 성공 신화 등 문화적 요인을 지니고 있을 뿐만 아니라 창업에 대한 정부 지원까지 더해져 세계가 주목할 만한 성과를 내고 있다."고 설명한다(이재용, 2013, 서울경제).

김일수 주 이스라엘 한국 대사는 글로벌한 시각, 토론식 교육, '실패 문화'를 꼽았다. 첫째, 이스라엘 사람들은 처음부터 글로벌 마켓을 목표로 사업을 시작한다. 그러다보니 국제적인 자금을 끌어들이고, 해외 표준을 배우고, 세계 시장을 선도하는 기술을 계속 만들어낼 수 있다. 우리나라는 토종 기술이 해외 자본에 매각되면 원통해 한다. 그러나 이스라엘 사람들은 아무런 문제가 없다고 생각한다. 오히려 인수·합병을 목적으로 기업을 만들어 팔고 또 만든다. 둘째, 토론식 교육도 강점이다. 그는 "이스라엘 사람들은 항상 '왜?'라는 질문을 입에 달고 다닌다."면서 가정이나 학교에서 일방적 훈계를 하거나 암기 교육을 시키는 것이 아니라 이야기를 끝까지 듣고 토론하고 결론에 이르는 사고방식을 가르친다고 말한다. 또한 그는 "이스라엘에서는 학교 수학 시간에 손가락, 발가락을 이용하면서 계산하는 친구들이 많다."며 "이스라엘 교육에서는 구구단을 가르치지 않기 때문에, 어떤 논리로 숫자가 계산되는지를 알아가는 것"이라고 설명한다. 셋째, '실패해도 망가지지 않는 문화'도 눈여겨볼 만하다. 그는 "이스라엘에서는 '투자금을 다 날려도 투자한 사람 잘못이지 내가 속인 게 아니다'라는 식으로 생각한다."면서 이런 당당함과 무모함이 사람들을 도전으로 이끄는 원동력이라고 밝힌다(김기동, 2013). 이에 대해 신우용 코트라 무역관장은 충분한 투자 자금, 잘 형성된 기술 매매 및 인수·합병(M&A) 시장, 군대의 생산적 활용, 토론식 교육, '나 잘났다'는 자부심, 사람 중심의 신뢰, 실패에 대한 관용 등이 이스라엘의 성공 비결이라고 주장한다.

이스라엘은 기술 개발에 관한 선순환 경제구조가 정착되어 있다는 점에 초점을 맞추기도 한다. 이스라엘 사람들은 신기술 개발에 관심도 많고, 그런 일을 하는 것에 대한 자부심도 크며, 사회적 분위기도 그렇게 조성되어 있다는 주장이다. 벤처창업→성장→매각의 단계에서 벤처기업에 종사하는 사람들은 큰 어려움을 겪지 않는다. 기술을 개발한다고 하면 공식적 혹은 비공식적으로 자금을 확보해서 몇 년간은 충분히 연구할 수 있기 때문이다(이영선, 2012).

후츠파 정신

창업국가로 불리는 이스라엘의 성공은 혁신에 대한 열망, 역경을 이겨내는 능력, 도전과 인내의 문화 등에서 비롯되었다. 「워싱턴 포스트」의 폴드파브(Foldfarb) 기자는 이를 '후츠파 정신(Chutzpah Thesis)'이라고 불렀다. 후츠파의 사전적인 의미는 주제넘은, 뻔뻔함, 놀라운 용기, 오만하지만 실제로는 끊임없이 탐구하는 호기심, 대단한 용기 등을 일컫는 유대인의 도전 정신을 의미한다. 이를 확대하여 후츠파 정신은 7가지 요소로 구성된다는 주장도 있다. 형식 타파(Informality), 질문의 권리(Questioning Authority), 섞임(Mashing up), 위험 감수(Risk taking), 목표 지향(Mission Orientation), 끈질김(Tenacity), 실패로부터의 교훈(Learning from failure) 등이 그것이다(윤종록, 2014).

이스라엘에서는 어디서나 후츠파를 쉽게 접할 수 있다. 자녀가 부모에게, 학생이 교사에게, 직원이 상사에게, 사병이 장교에게, 말단 공무원이 장관에게 비판을 하고 논쟁을 벌인다. 후츠파와 함께 '다브카(Davca)'와 '비추이즘(Bitzuism)'도 유대인의 창의적이고 모험적인 국민성을 잘 나타내는 용어이다. '그럼에도 불구하고'와 같은 뜻을 가진 다브카는 실패와 고난을 두려워하지 않는 마음가짐을 의미한다. 개척 정신의 중심인 비추이즘은 어떤 일이라도 이루고야 마는 정신을 의미한다. 창의적이고 모험적인 유대인의 도전 정신이 창업국가의 근간이 된다는 설명이다. 또한 '책임감을 가지고 적극적으로 맡은 일 이상을 해내는 것'으로 해석되는 '로시가돌(Roshgadol)'도 주목할 필요가 있다. 후츠파가 로시가돌과 결합했을 때 비로소 창조적인 힘을 발휘하기 때문이다.

이스라엘은 발상의 전환을 인정하는 사회라는 점도 중요하다. 『창업국가』에서는 싱가포르가 이스라엘보다 못한 이유가 "발상 전환을 용납하지 않는 권위적 질서 중심 문화" 때문이라고 주장한다. 싱가포르의 복종과 순응이 창조성을 사라지게 했다는 것이다. 이에 반해 이스라엘은 황당한 아이디어라도 진지하게 받아들이는 분위기가 있으며, 그러한 아이디어가 사업으로 연결될 수 있도록 이끌고 지원하는 시스템이 잘 구축되어 있다. 이와 비슷하게 '틀'에 관한 이야기도 있다. 틀이라는 것은 '선입관', '고정관념', '상식'과 바꿔서 생각할 수 있는 것이다. 보통 사람들은 행동을 하기 전에 대부분 안 된다, 불가능하다, 틀렸다고 결정해 버린다. 이에 반해 유대인은 기존의 틀에 얽매이는 일 없이 "어떻게 하면 할 수 있을까?"라는 가능 사고로 생각하고 행동하기 때문에 성공할 수 있었다는 주장이다.

이스라엘의 최대 벤처캐피털 업체 중 하나인 마그마 벤처캐피털(Magma VC)의 야할 질카(Yahal Zilka) 회장은 이스라엘 창업의 핵심 성공 요인으로 '파괴적 혁신(Disruptive Innovation)'을 들고 있으며, 이는 단순히 틀을 비는 것에 십중하는 것이 아니라 이전의 개념이나 인식을 확 바꾸는 것이라고 주장한다. 또한 그는 파괴적 혁신을 하는 나라는 미국(실리콘 밸리)과 이스라엘 두 곳밖에 없으며, 이러한 파괴적 혁신은 도전, 혁신, 열정으로 구성된 기업가 정신이 바탕이 되어야 가능하다고 주장한다. 여기서 파괴적 혁신은 앞의 기술을 활용한 점진적 발전이 아닌, 창조적 생각을 통해 앞선 기술을 완전히 잊을 만큼 새롭게 대체된 신개념 기술을 추구해야 한다는 것으로 풀이될 수 있다(오동희, 2013). 이와 비슷하게 투비아 주한 이스라엘 대사는 "이스라엘은 위기를 두려워하지 않는 정신, 도전 정신, 책임감 이 3가지 정신을 바탕으로 창업국가의 틀을 다졌고, 국가 발전에 창업이 상당한 기여를 해왔다."고 말한다.

벤처 강국의 원동력을 거슬러 올라가면 바로 교육이다. 질문과 토론, 융합과 통섭, 수평 문화를 바탕으로 하는 교육 문화가 벤처 강국 이스라엘을 뒷받침한다. 유대인은 가장 영향력 있고 위대한 선생님의 역할을 하는 부모와 끊임없이 대화하고 토론을 이어간다. 학교 교육도 일찍이 후츠파 정신을 고양한다. 초등학교에서는 객관식 문제 대신 구술 문제로 학생을 평가한다. 또 대화식 교육이 주를 이루고, 질문을 독려한다. 엉뚱한 질문을 해도 무안을 주는 일은 절대 없다. 좋은 질문을 하면 '노벨상감'이라는 과장된 칭찬으로 자신감을 북돋운다.

유대인 특유의 토론 문화는 창조적 인재 양성에 있어 가장 중요한 요소이다. 나이와 지위를 떠나 자유롭게 토론하는 열린 사회 분위기 속에서 도전과 실패가 이어지고, 고정관념을 깨는 혁신이 이루어질 수 있기 때문이다. 바라크 전 이스라엘 총리는 "이스라엘 최초의 여성 수반이었던 골다 메이어는 '이스라엘에는 700만 명의 총리가 살고 있다'는 농담 섞인 불만을 토로하곤 했다."며 "두 명만 모여도 3개의 의견이 나오는 게 이스라엘의 국민성"이라고 말했다. 그러면서 기술 발전에도 평등주의가 중요하다며 "조직의 위계질서도 중요하지만 일단 회의실에 들어가면 말단 사원부터 사장까지 의견을 자유롭게 개진하는 이스라엘 기업 문화가 창의성의 원동력이 됐다."고 주장한다(김동현, 2013).

항상 최신 연구를 하고자 하는 욕망이 강한 것도 벤처 성공의 비결이다. 유대인에게는 기술을 좀 더 공고히 하기 보다는 이내 싫증을 느끼고 또 신기술 개발에 파고들려 하는 국민성이 있다. 그래서 안정된 제품을 만들어 시장에 내놓는 대기업 위주의 과학기술보다는 최신 기법을 개발해서 이전하고, 또 다른 최신 기술을 연구하는 벤처기업이 발전되어 있다. 그래서 이스라엘에서는 의사나 변호사 같은 직업보다는 아직도 엔지니어가 최고의 인기를 달리고 있다고 한다(소병수, 2013).

유대인들이 융합에 능히디는 짐도 벤처 싱숭의 숭요한 이유가 될 수 있다. 융합은 창조적인 해결 방법들을 만들어내고 잠재적으로 새로운 산업을 개발하고 파격적인 기술적 진보를 이루는 사고의 한 방법이기 때문이다. 융합은 이질적인 것에 대한 포용력, 새로운 것에 대한 개방성, 타 분야에 대한 이해, 그리고 타인에 대한 존중을 전제로 한다. 융합은 창조와 혁신의 핵심 경쟁력이기도 하다. 주사기를 사용하지 않고 약물 패치를 피부에 갖다 대기만 하면 7초 만에 약물이 피부를 통해 흡수되고(트랜스파머 메디컬), 머리카락 몇 가닥을 소포로 보내면 유전자를 분석해 앞으로 발생할 가능성이 있는 질병을 미리 알려주는 바이오 기술을 포함해 바야흐로 거대한 융합이 이스라엘에서 이루어지고 있다(윤종록, 2012).

이스라엘 벤처는 스티브 잡스처럼 다방면의 정보와 지식을 활용해 새로운 것을 창조해 내는 융합형 인재를 요구하고 있으며 유대인들은 상반된 의견을 조율하고, 이질적인 학문을 융합하여 새로운 것을 창조하는 데 익숙하다. 70여 개국 출신의 이민 유대인이 서로 다른 문화에서 살고 있는 대표적인 다민족 국가인 이스라엘 사람들은 통합적 사고가 발달한 것으로 볼 수 있다.

실패는 성공으로 가는 과정

이스라엘의 벤처 창업 정신은 도전의 연속이다. 그들은 획기적이고 창의적인 시도에는 실패의 위험성이 상대적으로 크다는 점을 잘 알고 있으며, 실패에서 답을 찾기도 한다. 〈창업국가〉의 저자 싱어(Singer)는 혁신은 리스크를 감수하고 실패에 관대한 '문화적 외곽지역(Cultural Enclave)' 혹은 '주변 문화(Sub-culture)'에서 나온다고 주장했다. 이스라엘에는 '연쇄창업자(Serial Entrepreneur)'라는 독특한 직업이 있다. 말 그대로 창업을 직업으로 삼는 사람들을 일컫는다. 그만큼 실패에 대한 두려움이 없다는 의미다. 이들은 나스닥 상장을 목표로 일생 동안 3~4차례 창업을 시도한다. 자신의 꿈대로 나스닥 상장이나 대기업 매각을 성공시키면 미련 없이 회사를 떠나 또 다른 사업에 뛰어든다.

이스라엘 사람들은 진정한 창조와 혁신을 이루고 싶으면 실패의 위험을 감수할 줄 알아야 하며, 창조와 혁신은 실패의 경험들이 쌓여가면서 생겨난 결과물이라고 믿는다. 이스라엘 사람들은 '실패는 부끄러운 것이 아니라 성공으로 가는 과정'인 것으로 여긴다. 실패를 하면 나중에 성공 확률이 더 높다는 점에서 오히려 실패를 권장하기까지 하며, 재기를 시스템적으로 도와준다. 한 창업자는 "통상 창업을 해 미국 나스닥에 상장시키거나 대기업에 매각하는 데 10년 이상이 걸리는데, 이 길고 어려운 과정에서 틴 안 번노 실패가 없다는 것이 오히려 이상하지 않겠느냐."고 반문한다(류지영, 2013). 이스라엘의 유명한 요즈마 펀드에는 실패 횟수와 상관없이 '강한 기술에 강한 지원'이 있다는 근본 철학이 투영돼 있다. 의지와 기술이 있다면 한번 실패했다고 '루저'가 되는 것이 아니라 끝까지 '위너'가 될 수 있는 사회, 그것이 이스라엘 벤처 창업의 근간이다.

'실패에 관대한 자금과 금융'도 창업 기업이 성공적인 결과를 얻을 수 있는 배경이다. 이스라엘 창업가는 한 번 실패하면 추락하는 게 아니라 그 실패를 통해 얻은 지식이 다른 아이디어, 다른 창업에 사용돼 시장에 도움이 될 것이라고 기대한다. 이는 이스라엘 정부가 40년 이상 창업 기업을 독려하면서 얻은 교훈이다. 자본이 풍부하고 언제든지 중간 회수가 가능하다는 점도 창업이 실패를 두려워하지 않는 원동력이 된다. 이스라엘 벤처기업은 100% 투자금으로 운영되고, 사업에 실패하더라도 법적 의무만 성실히 수행했다면 개인이 부담을 지지 않는다. 연구 개발에 필요한 자금은 최소 50%에서 최대 90%까지만 준다. 연구 개발 자금으로 100%를 지원하지 않는 이유는 개인이나 법인이 창업을 통해 공공자금을 이용할 때 책임감을 느끼게 하기 위한 최소한의 조치이다(김유태, 2013).

'실패해도 사람이 망가지지 않는 문화'도 눈여겨볼 만하다. 이스라엘이 창업국가로 성공할 수 있었던 것이 사회적으로 창업을 존중하는 분위기가 있기 때문이라면 창업에 실패했을 때 다시 일어설 수 있도록 응원하는 문화는 또 다른 조건이다. 이른바 '똑똑한 실패(Intelligent Failure)' 혹은 '정직한 실패'에는 재기의 기회를 주는 사회적 관용을 말한다. 이스라엘 사람들은 똑똑한 실패는 개인이나 기업의 성장을 위해 격려와 독려의 대상이 되어야 한다고 믿는다. 이스라엘에서는 "투자금을 다 날려도 투자한 사람 잘못이지 내가 속인 게 아니다."라는 식으로 생각한다. 이런 당당함과 무모함이 도전으로 이끄는 원동력이 된다. 이렇듯 이스라엘 벤처인들은 어렸을 때부터 도전을 독려하고 실패를 인정해주는 교육·사회 환경 속에 성장하면서 자연스럽게 기업가 정신(Entrepreneurship)을 기를 수 있다.

'실패에 관대한' 문화의 근간은 이스라엘만의 '신뢰 네트워크'에서 찾을 수 있다. 신우용 코트라 무역관장은 "이스라엘이라는 나라 자체가 워낙 작은 데다 창업 지역도 텔아비브, 하이파 등에 밀집돼 있어 창업자들끼리는 거의 다 알고 지내는 사이"라면서 "중동 국가들에 둘러싸인 지역 특성상 해외 도주도 어려워 '사기치는 것' 자체가 불가능한 구조"라고 말한다. 이런 특수성이 "사업에서 살아남으려면 무조건 솔직해져

야만 한다."는 공감대를 만들어냈다는 것이다. 여기에 자수성가한 창업가들이 자신이 번 돈 일부를 후배 창업자들에게 투자해 성공시킨다는 불문율을 지키는 것도 실패에 관대한 선의의 문화를 이끌어냈다고 덧붙인다(류지영, 2013).

혁신의 전진기지, 군대

군대는 이스라엘을 창업국가로 만든 또 다른 배경이다. 이스라엘 군대는 혁신의 전진기지이기 때문이다. 사실 혁신과 첨단 기술 중 상당수가 군대에서 비롯되었다. 군대는 이스라엘 젊은이들이 창의성과 열정을 발휘하는 공간이기도 하다. 군에서 습득한 능력으로 창업에 나설 수 있으며, 실제로 이스라엘에서는 군 경험이 창업으로 이어진 사례도 많다.

이스라엘 국민에게 군대 경험은 빠뜨릴 수 없는 자산이다. 이스라엘 군은 가장 중요한 임무 중 하나로, 군에 온 젊은이들을 성장시켜 의무 복무를 끝내고 다시 사회로 돌아갔을 때 국가에 기여할 수 있는 인재가 되도록 키우는 것을 꼽는다. 장병들은 군에서 창조적 사고는 물론 책임감과 근성을 배운다. 자신이 제시한 의견으로 조직원의 생사가 좌우될 수 있는 상황을 경험하고 나면 어떠한 위기 상황에서도 빠르고 정확한 결정을 내릴 수 있게 된다.

이스라엘 국민은 남녀 모두 17세부터 군에 입대해 2~3년 간 복무하면서 직업훈련과 연계된 과학·기술 분야 과제를 수행한다. 이 의무 복무 기간을 교육에 최대한 활용하는 것이 이스라엘의 군의 특징이다. 이스라엘 군은 고등학교를 졸업하지 못한 병사들에게 교육 기회를 제공해 복무중 졸업장을 받을 수 있도록 하고 있다. 별도의 대학 교육 없이도 군대 내 프로그램을 통해 엔지니어가 될 수도 있다. 이렇게 성장한 군 출신 엔지니어가 외부로 나와 창업하거나 기업의 중간 관리자로 진출하는 경우도 있다. 기업의 직원 채용에서도 군 경력은 중요한 참고사항이다. 이스라엘에서는 인터넷과 구직 전단에 '8200부대 출신 원함'이라고 특정 부대 이름을 거론할 정도로 군 출신의 구직자를 인정한다.

군 복무가 교육과 연계된 정점에 탈피오트(Talpiot)가 있다. 최근 한국에서 창조경제를 거론하면서 부쩍 관심을 끈 특수부대이다. 탈피오트는 히브리어로 '최고 중의 최고'라는 뜻으로, 이스라엘 최고의 엘리트 육성 부대이다. 탈피오트는 이스라엘의 가장 뛰어난 인재들을 모아 그들에게 대학과 군대가 제공할 수 있는 최고의 기술 훈련을 시킨다. 국가의 최고 IT 인재를 배출하는 조직이기도 한 만큼 그 선발 방식도 매우 까다롭다. 고등학교를 졸업하는 학생들을 대상으로 전국적으로 시험을 치른 후 1만 여 명의 1차 합격자를 선정한다. 이후

150여 명의 2차 합격자를 대상으로 집중 시험을 치른다. 여기에는 IQ 시험은 물론 기인지의 순간적 내용 능력도 평가된다. 예를 들어 지원자에게 특별한 임무를 주고 지원자가 임무를 수행하는 중간에 갑자기 할당된 시간보다 짧은 시간에 임무를 완수하라고 통보하거나 전혀 다른 새로운 임무를 부여하는 등의 돌발 상황을 부여해 지원자의 대응 능력을 평가하는 것이다. 이를 통과한 최종 후보군은 또다시 최종 면접을 통과해야 한다. 이후 신원검증을 통과한 50명만이 선발된다(김보람, 2014).

최종 선발된 인원은 3년간 히브리대학의 물리학과·수학과·컴퓨터공학과에서 집중적으로 공부해 학사 학위를 받는다. 그리고 대학 졸업 후 장교로 임관돼 6년간 의무적으로 국방 관련 연구 개발을 수행한다. 탈피오트의 부대원들은 군이 위기 상황에서 맞닥뜨려야 하는 예측할 수 없고 복잡하고 어려운 기술적 문제를 해결하라는 '미션'을 부여받고 이를 연구 및 해결하며 해당 분야의 전문가로 성장한다. 군 복무 후에는 대개 IT 관련 벤처기업을 창업하거나 IT 분야의 기업에 영입된다. 1979년 도입된 탈피오트 프로그램으로 배출된 인재는 700여 명에 이른다. 이들의 네트워크도 막강하다. 500~600명 정도는 네트워크에 가입돼 있어 서로 멘토 역할과 펀드 협력을 주고받는다.

이스라엘군에서 최대의 규모를 자랑하는 8200부대는 이스라엘 IT 산업 중흥의 주역들을 다수 배출한 이스라엘의 정보·사이버전 능력의 상징이기도 하다. '8200'이라는 이름은 부대를 창설할 때 동구권 출신 유대인 8명과 이라크 출신 유대인 200명으로 구성되었기 때문에 붙여졌다고 한다. 8200부대를 거친 인재들은 인터넷 보안 분야에서 특히 두각을 나타내고 있다. 이스라엘의 대표적인 하이테크 업체인 컴버스(Comverse), 체크포인트(CHECK POINT), 나이스(NICE)는 모두 8200부대 출신들이 만들었다.

특히 8200부대나 탈피오트 같은 엘리트 부대에서는 젊은 이들에게 수백만 달러가 소요되는 프로젝트를 맡기는 일도 흔한데 이를 통해 젊은이들은 군대에서 창업의 기반이 되는 책임 의식과 실무 능력을 갖추게 된다. 전쟁 위협을 받고 있는 만큼 군대에서 군인들에게 도전적인 미션을 계속 주는 것은 기업가 정신을 키우는 데 도움이 된다. 이들은 군인 때 배운 창조 정신과 불굴의 의지로 사회에 나와 많은 기업들을 창업하여 이스라엘 경제에 활력을 주고 있다. 실제 이들 중 50~60%는 하이테크 분야에서 일하고 있다. 이스라엘의 첨단 IT산업은 8200부대나 탈피오트의 기술 개발력이 없었으면 존재하기 어려웠다고 할 정도이다.

벤처기업 '오디오코드'의 리오르 알데마 최고운영책임자

는 정보부대인 8200부대 출신이다. 오디오코드는 인터넷 전화 VoIP(Voice over IP) 원천기술을 보유한 나스닥 상장 기업이다. 알데마는 8200부대에서 복무하던 1991년 당시 이라크의 미사일 공격을 막기 위해 인공위성을 이용한 방어시스템에 대한 아이디어를 냈고 이것이 받아들여져 400만 달러 정도의 예산이 들어가는 미사일 방어체계를 직접 설계하기도 했다. 그는 짧은 기간 안에 방어체계 설계를 처음부터 끝까지 관리한 경험이 훗날 창업을 하는 데 큰 도움이 됐다고 말한다. 또 항상 전쟁 위협을 받고 있는 만큼 군대에서 군인들에게 도전적인 미션을 계속적으로 주는 것도 기업가 정신을 키우는 데 도움이 된다고 밝힌다. 5년간 보안 분야에서 군인으로 일했다는 인발 아리엘리 씨는 "혁신적 사고를 배운 최정예 부대 출신이라는 자부심, 사회를 이끄는 네트워킹의 주역이라는 긍지심, 실패를 두려워 않는 기업가 정신의 멘토가 될 수 있다는 당당함 등을 배양한 곳이 바로 이스라엘 군대"라고 말한다(강현우, 2011).

다양한 자금지원 생태계

이스라엘 벤처는 선순환을 한다. 기초과학 분야에 인재가 몰리고, 그들이 우수한 연구 결과물을 내며, 그것을 토대로 벤처 붐이 일게 된다. 이 선순환의 출발은 투자이다. 인적 자원과 자금이 결합되어야 창업 기업의 성공을 이끌 수 있다. 이스라엘의 창업 붐을 주도한 이갈 에를리히 요즈마 그룹 회장은 벤처캐피털을 연료에 비유한다. 그는 "혁신이 지능(Brain)이라면 벤처캐피털은 연료"라고 말한다.

이스라엘의 벤처기업은 좁은 내수시장의 한계 극복을 위해 창업 초기부터 글로벌화를 지향하고 정부는 이를 정책적으로 지원한다. 이스라엘은 벤처기업 창업 지원을 위해 다양한 정책을 시행하고 있다. 이러한 정책은 벤처기업 육성을 위해 보조금을 지원하는 형태와 벤처캐피털을 통한 간접지원 형태로 진행되고 있다. 보조금을 통한 벤처기업 창업 지원 정책의 특징은 그랜트(Grant) 방식으로 연구개발비의 50~80%까지 지원하며, 사무실 임대에서부터 사업 기획, 타당성 조사, 초기 자금 지원 등 창업의 전 단계에 걸쳐 실질적인 지원으로 창업의 성공률을 제고시키는 데 크게 기여하고 있다. 요즈마 펀드와 같은 정부 주도의 벤처캐피털은 창업 기업에 부족한 상업화와 마케팅을 지원하고 이를 통해 기업의 연구 개발 역량을 강화하기 위해 지원된다.

히브리어로 '창의와 독창, 그리고 창업'이란 뜻을 가진 단어인 '요즈마(Yozma)'를 브랜드로 하여 조성한 요즈마 펀드는 이스라엘 정부와 민간이 합동으로 첨단 기술 기업을 지원하기 위해 조성한 펀드로 이스라엘을 벤처 강국으로 만든 주역이다. 요즈마 펀드는 이스라엘 정부가 하이테크 산업에 투자할 외국자본 유치를 위해 설립한 이스라엘의 대표적 공공투자 프로그램이다. 이 프로그램은 자본이나 담보 능력이 없이 아이디어만으로 출발하는 벤처기업인들의 자금 문제를 해결해주기 위해 설립된 정부 주도의 벤처캐피털이다. 창업기업에 대한 투자자금은 벤처캐피털과 정부가 2대1 매칭 방식으로 투자하여 수익이 나면 정부 자본을 민간투자가가 인수하는 방식으로 운영된다. 요즈마 펀드는 자금 지원뿐만 아니라 경영 노하우, 마케팅, 파트너 발굴 등의 서비스를 제공한다. 투자를 받은 기업은 경영에 실패해도 정부에 투자금을 갚을 필요가 없다. 각종 담보와 보증을 잡는 우리나라의 벤처캐피털과는 판이하다(김기현 외, 2013).

요즈마 펀드는 10여 개의 자회사 펀드를 조성하는 등 벤처캐피털 산업을 육성하는 한편 하이테크 기업에 직접 투자하는 등 두 가지 역할을 수행한다. 요즈마 펀드는 방산, 항공, 우주, IT 분야의 우수한 기술력이 창업 지원 및 육성 환경과 맞물려 우수한 창업 기업들이 탄생하는 원동력이 되었다. 1993년~2000년 사이 약 100억 달러를 유치하는 데 성공했고, 지난 2000년 기준 국내총생산(GDP) 대비 벤처캐피털 투자금액이 2.7%로 세계 최고 수준에 이르게 됐다. 요즈마 펀드는 1998년 민간 벤처캐피털 시장의 활성화에 따라 1997년 말 민영화되었다. 높은 투자 수익률이 실현됨에 따라 미국 및 유럽 펀드들이 대거 참여하게 되어 정부의 개입 필요성이 없어졌기 때문이다. 요즈마 펀드는 이스라엘에 4,800여 개 창업 기업이 탄생하는 데 기여했다는 평가를 받고 있다. 또한 요즈마 펀드 이후 이스라엘의 벤처캐피털 시장은 급속히 발전했고 1991년 1개였던 이스라엘의 벤처캐피털은 2013년 현재 88개를 넘었다.

요즈마 펀드의 핵심은 네트워킹이다. 이 펀드는 이스라엘 벤처투자가와 해외 벤처투자가 기업이 함께 출자했다. 요즈마 펀드는 미국계 유대인 부호와의 인맥을 동원해 해외 자금을 적극적으로 끌어들였다. 바라크 전 이스라엘 총리는 요즈마 펀드의 핵심으로 '창업-벤처캐피털(VC)-투자은행'을 잇는 삼각 구조의 투자 형태를 강조했다. 그는 "정부가 나서서 자금이 필요한 창업을 미국 벤처캐피털에 연결시키는 중개 역할을 했고, 매칭펀드 형태로 투자은행을 참여시켜 트라이앵글 형태의 투자를 완성시켰다."며, "이를 통해 창업 기업은 기술 개발에 매진했고 벤처캐피털과 투자은행도 안정적으로 투자금을 회수할 수 있게 됐다."고 설명한다(김동현, 2013).

오늘날 이스라엘의 요즈마 펀드는 벤처 활성화와 경제성장의 밑거름이 된 것으로 평가되고 있다. 이로 인해 투자 재원이 마련되고, 투자 기업에 대한 우수한 성과가 실현됨으로써 해외 투자자본 유치가 가능케 되었고 이것이 벤처 산업의 중흥으로 이어졌기 때문이다. 요즈마 펀드의 뒤를 이어 수많은 벤처캐피털이 생겼다. IVC(이스라엘 벤처캐피털)에 따르면 이스라엘 벤처캐피털의 2012년 자금 규모는 19억 달러에 이르렀다. 2003년 이후 10년 간 이스라엘 벤처캐피털의 총 규모는 157억 달러로 2011년에는 21억 달러를 기록하기도 했다. 2003년 10억 달러에서 두 배 가량 성장한 셈이다.

해외 자금의 유동성을 확보하는 것도 중요하다. 해외 투자자의 벤처캐피털 투입 비중은 2012년 74%로 이스라엘 자국의 26%의 세 배에 달한다. 벤처캐피털에서 해외 비중이 높아지는 것은 최근 10년 간 지속돼 왔다. 그만큼 이스라엘 창업기업이 매력적이기도 하지만 전 세계에 퍼져있는 유대인 공동체가 자본을 투입하기 때문이다. 이들은 나스닥 등 해외 시장에 기업을 공개하거나 인수·합병을 통해 투자금을 회수하는 데도 도움이 된다. 또한 이 같은 자금 조달은 이스라엘 창업 기업의 건전성을 높이고 있다. 이스라엘 신생 기업 수는 2012년 537곳으로 전년 대비 163곳이 감소했지만 폐업 기업은 같은 기간 302곳에서 138곳으로 절반 이상 줄어 유효 창업 수는 399곳으로 최근 5년 동안 가장 높았다(김유태, 2013).

누파(Tnufa) 프로그램은 수석과학관실에서 운영하는 신생 기업 프로그램으로 초기 비용의 85%, 최대 5만 달러까지 지원받을 수 있으며, 해당 기업이 사적 기금을 받을 수 있는 단계에 도달할 때까지 지원한다. 이 프로그램은 과학기술 인력이 투자 결정 전 회사에 참여해 일을 함께 하며 관련 기술도 조언해주고 투자 여부를 결정하는 데 결정적인 정보를 제공한다. 벤처 투자의 전문성을 높일 수 있는 것이다. 이 프로그램의 기획 단계에서는 타당성 조사, 사업계획서 작성, 파트너 탐색, 투자자 유치 지원 등 초기 단계의 기술 벤처에 대해 초기 자금을 지원한다. 정부 자금을 지원받은 창업자는 매출이 발생할 경우에만 7년에 걸쳐서 3~5%의 기술료 형태로 정부 자금을 상환한다(김기현 외, 2013).

기술 인큐베이터 프로그램은 1991년부터 자국 창업 기업 육성 및 러시아계 이민자들의 기술력 흡수를 위해 시작되었다. 이 프로그램은 산업무역노동부에서 직접 운영하며 재무부, 수출공사, 상공회의소와 협력하여 신생 기업이 사업을 시작할 수 있도록 사무실 임대, 금융 지원, 기타 상담 지원 등 포괄적인 지원을 포함하고 있다. 인큐베이터는 2년 후 회사가 외부 투자자를 구해 더 큰 규모로 성장할 수 있게 돕는다. 이 프로그램에 소요되는 자금은 85%가 정부 지원이며, 개별 프로젝트에 대해 최대 2년까지 지원한다. 이스라엘에는 총 26개의 기술 인큐베이터가 있다. 이를 통해 총 200여 개의 신생 벤처기업이 지원을 받고 있으며, 지원 대상 신생 기업의 60%가 IT 관련 기업이다. 대표적인 인큐베이터인 'JVP 미디어랩'이 한 벤처기업에 지원하는 초기 자금은 최대 150만 달러이며, 그 동안 지원한 신생 벤처기업 중 20여 곳이 정식 법인을 설립해 독립했고, 그 중 11곳이 미국 나스닥에 상장되었다.

일반적으로 인큐베이터 1개당 매년 3~5개 기업을 선정한다. 선정 기준은 기술력, 사람, 그리고 시장의 니즈(needs)이다. 제안된 기술이 시장에 필요한지, 그리고 아직 출현하지 않은 기술인지 철저히 파악한다. 필요로 하는 사람이 없는 기술이거나, 이미 시장이 포화 상태라면 아무리 뛰어난 기술이라도 소용없다(이설, 2011).

유기적 창업 인프라

바이츠만 연구소, 히브리대학, 테크니언 공대 등 세계적인 과학기술 인프라를 활용한 기술 지원도 벤처 창업의 든든한 버팀목이다. 이스라엘이 과학 분야에서 쌓은 기반은 첨단산업에서 새로운 스타트업이 생겨나는 것을 돕는다. 반도체, 모바일, 소프트웨어 개발 등 IT 분야와 뉴미디어, 생명공학이 이스라엘 벤처의 주요 활동 분야로 여기서 개발한 기술이 상업화하기까지는 '죽음의 계곡(Death valley)'을 건너야 한다. 기술

지주회사는 벤처캐피털, 인큐베이터와 함께 이 계곡을 건너도록 돕는 이스라엘의 힘이다. 대학의 기술이 일반 기업으로 이전되면서 수십억 달러의 수입원이 되어, 기업은 곧 글로벌 기업으로 성장한다. 아울러 기술을 만든 발명가와 대학도 상당한 수익을 거두는 사례가 이스라엘에서는 흔하다. 바이츠만 연구소의 예다(Yeda), 히브리 대학의 이쑴(Yissum) 등은 대표적인 기술지주회사이다. 이 외에도 텔아비브 대학, 테크니온 대학에도 기술지주회사가 있으며, 이들의 특허료 수익만 연간 10억 달러에 이른다. 전문가들은 대학의 기술지주회사가 이스라엘 벤처 산업의 근본이자 이스라엘 과학 발전의 시발점이라고 주장한다.

세계 5대 기초과학연구소 중의 하나로 꼽히는 바이츠만 연구소는 이스라엘의 기술개발 본산지로 1,000명의 학생, 859명의 과학자, 250명의 교수들이 화학, 물리학, 수학, 생물학 등을 융합해 탄생한 신기술을 흡수하기 위하여 매진하고 있으며, 2009년 노벨화학상 수상자인 아다 요나스(Ada Yonath)도 이 연구소 소속이다(성일광, 2013). 바이츠만 연구소는 국가 차원의 과학 인재 육성을 위한 대학원 겸 연구소로, 상대적으로 작은 규모에도 연구자에 대한 전폭적인 신뢰와 투자, 첨단 연구에 적합한 학문적 연계를 통해 발전하고 있다. 특히 바이츠만 연구소는 50개의 학제 간 연구센터(Interdisciplinary Centers)를 운영하여 다양한 전공의 과학자들이 협력하여 새로운 연구 성과를 내기 위해 노력하고 있다. 또한 연구소 인근에는 '라빈 과학단지'가 들어서 있어 자연스럽게 연구 성과를 상업화할 수 있는 환경이 조성돼 있다.

히브리어로 '지식(knowledge)'이라는 뜻의 예다는 1959년 세계 최초로 설립된 대학 내 기술지주회사이다. 바이츠만 연구소는 예다를 통해 특허 관리와 상용화 사업을 수행하고 있다. 예다는 연구소가 개발한 기술을 기업에 전수해주고 기술 사용료를 받는 기술지주회사로서, 예다에서 기술을 이전 받은 많은 제약 회사들이 신약 개발로 성공을 거두고 있다. 다발성 경화증 치료제인 '코팍손(Copaxone)'은 예다의 대표적인 상품이다. 1971년 예다가 글로벌 제약사인 테바와 함께 처음 개발한 이 상품은 현재 전 세계 시장 규모가 연간 40억 달러를 넘어섰다. 글로벌 기업이 된 테바는 코팍손 기술을 사용하는 대신 사용료를 예다에 지급한다. 1,500개 지식재산권을 소유하고 있는 예다가 이 같은 수익모델로 올리는 매출은 연 10억 달러를 넘는다.

이쑴은 히브리어로 '응용(Application)'이라는 뜻으로, 히브리대의 우수한 기술이 더 좋은 사회를 만드는 데 기여할 수 있도록 노력하는 곳이다. 여기서 발생하는 수익은 다시 히브리대로 돌아와 새로운 연구의 토대가 된다. 이쑴이 2010년 개발한 신기술 120개 가운데 56%가 생명공학, 바이오 테크놀로지 분야이다. 이 밖에 자재(16%), 농업 및 청정기술(13%), 컴퓨터 과학 및 엔지니어링(9%)에서도 신기술을 개발했다(김유림, 2011).

이쑴은 전 세계에서 누구나 쉽게 접하는 방울토마토의 지식재산권을 소유하고 있다. 방울토마토를 처음 개발한 나춤 케다르 교수와 하임 라비노비치 교수는 이스라엘 생명공학 기업인 몬산토(Monsanto), 신젠타(Syngenta)와 함께 이 기술을 개발했다. 이쑴과 두 교수는 연간 수억~수십억 원의 사용료를 받고 있다. 이쑴의 상품 개발 매출액은 연 10억 달러를 넘어선다.

이쑴의 방울토마토, 예다의 코팍손의 성공은 기술 이전을 돕는 기술지주회사의 규격화한 지원에서 비롯되었다고 볼 수 있다. 예다와 이쑴은 교수나 학생이 벤처기업을 설립할 수 있도록 자금을 지원하고 마케팅이나 회계 등의 경영 관련 노하우를 일사천리로 지원하고 있다. 하나의 기술이 죽음의 계곡을 건널 수 있도록 돕는 지원이 보편화한 것이다. '40대 20대 40의 법칙'도 기술지주회사의 성공에 중요하다. 즉, 기술이 상업화하면 대학은 특허권과 주식 40%를 취하고, 40%는 개발자에게 주며, 나머지 20%는 반드시 연구개발 자금으로 사용한다. 투명한 기술 이전 프로세스가 기술 이전을 돕는 것이다.

이스라엘에서 기술지주회사가 성공한 이유에 대해 바이츠만 연구소의 이모스 브레스킨(Amos Breskin) 교수는 "이스라엘 특유의 통합적이고 개방적인 학풍 덕분"이라고 의견을 밝혔다. 그는 "MRI, CT 등 의료기기 발전을 위해 연구하던 당시 물리학 교수뿐 아니라 의학, 공학, 화학, 우주학을 연구하는 교수들과 협력했다."면서 "우리는 인류에 도움을 주는 기술을 만들자는 같은 목표를 가졌기 때문에 분야를 넘나드는 것에 대해 전혀 어려움이 없었다."고 말했다(김유림, 2011). 서로 다른 학문 배경을 가진 전문가들이 의견을 교류하고 협력함으로써 상용화되는 기술도 많아지는 것으로 해석할 수 있다.

유대인 교육과 창의력

　미국의 시사주간지 「US 뉴스 앤 월드리포트」가 '20세기를 조각한 3명의 위인'을 선정해 표지를 장식한 적이 있다. 아인슈타인, 프로이트, 마르크스가 3인의 위인에 선정되었는데, 공교롭게도 이들은 모두 유대인이었다. 미국 아이비리그 학생의 25%, 억만장자의 40%가 유대인이며, 노벨상 수상자의 30%를 차지하고 있다. 유대인들은 정치, 경제, 언론, 문화 등 전 영역에서 맹활약하고 있다. 도대체 무엇이 유대인을 이토록 강하게 만들었을까?

　유대인이 각 분야에서 뛰어난 업적을 이루는 이유에 대해 일반적으로 사람들은 유대인이 다른 민족보다 두뇌가 뛰어나기 때문이라고 말한다. 그러나 유대인은 다만 자신들이 유아 교육이나 습관 들이기, 부모와 자식 간에 생각을 나누는 방법 등 교육적인 측면에 보다 많은 관심을 쏟았기 때문이라고 말한다. 유대인이 두각을 나타내는 이유를 다양하게 논의하고 있는 책들은 대부분 유대인의 역사 교육, 영재교육, 고난 교육, 경제 교육, 탈무드 교육, 침대머리 교육, 밥상머리 교육 등 교육적인 측면에 초점을 맞추고 있다. 사실 유대인의 육아법이나 교육법을 살펴보면 "머리가 좋게 태어났기보다는 머리가 좋아지도록 자라난다."고 하는 말을 함축하고 있다. 그들은 머리를 끊임없이 사용하지 않으면 안 되는 환경을 만들어 놓고 아이들이 머리를 쓰게 만든다. 어릴 때부터 유대인답게 사는 길은 "몸보다 머리를 써서 사는 것"이라고 가르치는 것이다.

머리를 쓰게 한다고 우리나라에서와 같이 여러 가지 책을 보게 하거나 수학 문제를 풀게 하는 것은 아니다. 지능을 높여 준다는 각종 프로그램을 찾아서 아이에게 강요하는 것도 아니다. 단지 아이가 어디에 관심과 흥미를 갖고 있는지, 어떤 특별한 창의성이 있는지, 어떤 잠재력을 품고 있는지를 학부모, 교사, 가족 구성원들이 주의 깊게 관찰해서 과학, 음악, 미술, 체육 등 아이의 관심 분야를 계발시키기 위해 꾸준히 지도하는 것이다. 유대인의 자녀 교육은 있는 것을 누가 더 빨리,

그리고 더 많이 답습하는가를 중요하게 생각하지 않는다. 반대로 없는 것을 발견하고 찾아내고자 하는 욕구를 기르는 데그 목적을 두고 있다. 또한 유대인은 아이 스스로 문제에 부딪치고 해결해 내도록 이끄는 것을 최고의 교육법으로 꼽는다. 어린 시절의 경험을 통해 몸으로 깨달은 지식과 지혜는 평생토록 지워지지 않기 때문이다(김욱, 2012).

유대인들에게 "교육 방법에 비결이 있는가?"라고 물으면비슷한 답이 돌아온다. "대화식으로 수업을 해서 본인 스스로 깨닫도록 한다.", "주입식으로 가르치지 않는다.", "아이들은 놀면서 창의력이 생긴다." 등 우리도 다 알고 있는 내용이다(이영선, 2012). 실제로 유대인 교육에서는 일상생활에서 자연스럽게 대화를 나누고 질문을 하며 토론으로 이야기를 이어간다. 뭔가를 가르치는 게 아니라 대화를 나누며 아이 스스로 습득할 수 있게 해준다. 그들은 토론식 교육을 통해 발상을 새롭게 하고, 대안을 제시하고 스스로 끊임없이 혁신하는 사고를 하도록 길러진다. '하브루타'라고 불리는 이 교육 방법은지식을 지혜와 고등 사고력으로, 암기에서 토론으로, 하나의정답을 다양한 해답으로, 듣는 교육을 묻는 교육으로, 고립된공부를 소통하는 공부로, 지겨운 공부를 즐거운 공부로, 타율적인 교육을 자기 주도적 공부로 바꾸는 핵심 비결이다. 자유롭게 생각하고 사고할 기회를 줌으로써 아이가 하나의 정답에 얽매이지 않고 자신만의 답을 찾도록 유도하는 것이다. 그 동안 주입식 교육에 의해 짓눌러온 사고력과 창의력을 되살릴 해법을 유대인 교육에서 찾아볼 수 있다(전성수, 2012).

교육이 미래를 결정한다

유대인에게 교육은 그들의 생존과 발전을 담보하는 귀중한 유산이다. 유대인은 "일생에 중요한 세 가지 의무가 있는데 이 중에 가장 중요한 것은 자녀를 가르치는 것이다."라고 말할 정도로 교육을 중시한다. 보통 어느 나라 사람이든 승부에 지거나 사업에 실패한 경우에는 '운이 나빴다'거나, '역부족이었다'라고 생각하는데, 유대인은 그렇지 않다. 그들은 주저 없이 '교육이 잘못되었기 때문'이라고 생각한다. 고대 로마제국에 나라를 빼앗겼을 때도 다른 민족들은 '군사력에 차이가 있어서', '전략이 나빠서' 등으로 생각했지만, 유대인들은 '패인은 오직 교육이 잘못되었기 때문'이라고 주장했다. 그 정도로 철저하게 교육에 집착하는 민족이다.

이스라엘이 건국되기 전에 유대 민족주의 운동가들은 나라를 다시 세우는 수단 중 하나로 교육을 택했다. 이스라엘 개국 공신 골다 메이어(Golda Meir)는 "교육이 없으면 미래도 없다."라고 말하는 등 지도자들은 일관되게 교육의 중요성을 강조했다. 이스라엘 정치인들은 정책마다 서로 다른 목소리를 내지만 교육면에서는 이스라엘 사회의 중요한 일부요, 미래의 장을 여는 열쇠라는 공통된 인식으로 일관성 있게 교육 정책을 편다. 이스라엘을 창업국가로 만든 일등 공신인 에후드 올메르트 전 총리는 "교육이 이스라엘의 전략이 되고 있다."고 주장한다.

유대인의 교육 과정은 학교와 교사뿐 아니라 가정과 지역 사회가 모두 한 몸이 되어 이루어진다. 유대인은 한 아이에 대한 헌신적인 교육이 유대인의 민족적 장래를 좌우한다는 사실을 철저하게 자각한 민족이다. 지금도 유대인들은 "전쟁에서 살아남을 수 있는 민족은 교육된 민족이다."라고 생각한다. 유대인들이 좋아하는 이야기 중에 '작은 유대인(Little Jew)'이 있다. 그 내용은 다음과 같다.

어느 키 작은 유대인이 알래스카 벌목장에 취직하였다. 주인은 이 작은 인부를 혼내주려고 큰 도끼를 맡기고는 힘든 일을 시켰다. 하늘을 치솟는 듯 커다란 나무의 숲 속에 선 이 사람은 마치 벌레처럼 작게만 보였다. 그러나 그의 일 솜씨는 웬만한 키 큰 사람들이 따라오지 못할 정도로 뛰어났다. 이것을 본 주인이 그에게 물었다. "벌목은 어디서 배웠소?" "예, 사하라 정글에서 배웠습니다." "사하라 정글이라고? 그게 아니고 사하라 사막이겠지."

"예, 제가 가서 나무를 몽땅 잘라버려서 사막이 되었죠."

　유대인들은 이 유머를 자녀 교육시에 자주 사용한다. 아무리 체구가 작아도 그 속에 정신이 살아 있으면 무엇보다도 크고 위대한 힘을 발휘할 수 있다는 교훈을 주는 이야기이다.

　사실상 유대인들은 세계 어느 민족에 비해 교육을 중요시해 왔고, 또 그것을 실천하고 있는 민족이다. 지식이 결국은 남보다 앞선 생각을 낳을 수 있고 그것이 생존은 물론 향상된 생활을 보장한다고 확신한다. 그래서 자녀들에게 실용적인 지식 습득의 중요성을 강조한다. 실용적인 기술 교육은 중세 시대 이후 사회적인 차별을 받아온 유대인 사회의 전통이 되었다. 당시 유대인들은 자녀들에게 반드시 실용적인 기술 교육을 시켰다. 어느 하늘 아래에서도 살아남을 수 있는 기술을 습득시킨 것이다. 그런 전통이 발전해서 오늘날에는 전문 직종 교육을 자녀들에게 중점적으로 실시한다. 유대인 부모들은 자녀의 자질을 아주 어렸을 때부터 면밀히 관찰하고 자녀가 장차 갖게 될 직업에 관련된 전문교육을 선택하게 한다. 탈무드에 실린 '두 나그네 이야기'는 교육에 대한 유대인의 사고방식을 잘 보여준다.

　오랫동안 아무것도 먹지 못한 두 나그네가 어떤 집을 발견했다.

기쁜 마음에 문을 열고 들어갔지만 집 안에는 아무도 없었다. 실망한 두 나그네는 "혹시 먹을 게 남아 있지 않을까."라는 기대로 집안 구석구석을 뒤졌다. 그때 한 나그네가 천장에 맛있는 과일이 가득 담긴 바구니가 매달려 있는 것을 찾았다. 그러나 아무리 손을 뻗고 까치발을 해도 손이 닿지 않았다. 그러자 한 사내는 화를 내며 그냥 집을 나가 버렸다. 하지만 다른 사내는 이렇게 생각했다. "저 높은 천장에 과일 바구니가 매달려 있다는 것은 분명 누군가가 사다리를 놓고 매달아 놓았다는 뜻이다. 다른 사람이 그렇게 할 수 있었다면 나라고 못할 이유가 없다." 그는 곧 주변을 살펴보기 시작했고 마침내 사다리를 발견했다.

유대인은 지혜란 이처럼 실천하는 것이라고 말한다. 이 일화에서 지혜는 과일 바구니가 아니라 사다리며, 교육은 사다리가 아니라 사다리를 찾고자 하는 욕구다(김욱, 2012).

물고기 낚는 방법을 가르쳐야

유대인의 독특한 발상법은 자연과학뿐 아니라 사회과학에서도 그 위력을 발휘했고, 사업가들에겐 비즈니스 스쿨로서의 기능을 담당했다. 유대인의 창의성은 그들의 독특한 교육관에서 출발한다고도 볼 수 있다. 유대인들은 "기존의 학설이나 이론을 가르치는 것"을 교육이라고 부르지 않는다. 어떻게 하며 기존 이론에 새로운 것을 보탤지를 가르치는 것을 교육이라 생각한다.

유대인은 자녀를 지혜롭게 만드는 교육에 열정을 쏟는다. 역사적으로 많은 박해를 받으면서 터득한 "지혜로운 사람만이 살아남는다."는 생존의 법칙을 오늘날까지 이어온 것이다. 지혜는 단편적인 지식과는 다르다. 그들 속담에는 "물고기를 한 마리 잡아서 먹여주면 하루를 살 수 있지만, 물고기 잡는 법을 가르쳐 준다면 평생을 혼자서도 살 수 있게 된다."는 말이 있다. 즉 그들은 암기력을 높이거나 임시 대응 능력을 가르치기보다는 일상생활에서 사고력을 키우고, 어릴 때부터 배움을 즐겁고 소중히 여기도록 자녀를 키우는 것이다. 또한 지혜를 중시하는 유대 가정의 어머니는 한국 어머니들처럼 자신의 아이를 남과 비교하지 않는다. 지혜는 비교 대상이 될 수 없기 때문이다. 따라서 어느 열성적인 엄마들처럼 유치원 때부터 아이를 어느 대학, 어떤 학과에 집어넣고야 말겠다는 각서를 쓰지도 않는다. 자녀의 인생을 좌우하게 될 지혜는 어머니의 노력과 상관없는, 즉 남과 비교할 수 없는 내 아이만의 특별한 능력이라고 확신하기 때문이다(김욱, 2012).

유대인은 자녀들이 공공의 질서나 규율을 어기는 것을 절대 용납하지 않는다. 이것은 자신의 자녀들이 뛰어난 무엇이 되기보다는 건강한 사회의 구성원으로 자라주기를 바라기 때문이다. 이 결과는 그간의 UN 통계에서 보듯이 이스라엘이 세계에서 청소년 비행이 가장 적은 나라도 매년 기록되고 있는 데서도 잘 나타나고 있다(최재호, 2008).

유대인 부모들은 '질문과 토론'의 중요성을 강조한다. 탈무드에는 "교사 혼자서만 얘기해서는 안 된다. 만약 학생들이 말없이 듣고만 있다면 앵무새를 기르는 것과 무엇이 다르겠는가. 교사가 이야기를 하면 학생은 거기에 대한 질문을 해야 한다. 둘 사이에 주고받는 말이 활발하면 할수록 교육 효과가 높다."고 쓰여 있다. 즉 유대인들은 가만히 듣기만 하는 것을 극도로 경계하면서, 궁금하고 알고 싶은 것은 언제든지 물어보도록 격려한다. 부모들도 아이가 어떤 질문을 하든 쓸데없이 별 걸 다 물어본다고 윽박지르지 않고, 아이 스스로 의문점을 찾아내고 답을 찾아갈 수 있게 묵묵히 지켜봐준다. 아이가 스스로 묻고 답하는 과정이 사고력과 창의력을 키우는 지름길이라고 믿기 때문이다.

전인교육을 위하여

유대인의 전인교육은 다방면에서 이루어진다. 무엇보다도 유대인은 가정을 생활의 핵심으로 여긴다. 탈무드는 가정은

"인생의 시작이며 끝"이라고 정의하고 있다. 또한 유대인들에게 있어 교육이라면, 시설이 잘 갖추어진 학교보다는 가 가정을 먼저 생각하게 하는 것이다. 그만큼 가정에서 배우는 교육을 중요하게 생각한다.

유대인은 아이가 태아일 때부터 하나의 인격체로 대하며 개성을 존중해 준다. 유대인을 지칭하는 '헤브라이'라는 말의 뜻은 '혼자서 다른 편에 서다'라는 의미를 지니고 있다. 즉 그들은 아이에게 "남보다 뛰어나라."고 하지 않고 "남과 다르게 돼라."고 하며, 형제자매 간에도 능력을 비교하지 않고 각자의 개성을 키워 주려고 애쓴다. 또한 유대인 부모는 아이가 저마다 다른 방식으로 배우며, 다른 아이와 똑같은 아이는 이 세상에 단 한 명도 없기 때문에 아이의 배움과 성장을 돕는 데 아이들 한 명 한 명에게 적합한 관심과 양육법이 필요하다고 생각한다.

유대인 부모들은 아이가 어릴 때부터 가정교육을 엄격하게 한다. 평소에 아침밥을 거르지 않으며 저녁때는 온 가족이 모여 식사를 한다. 또한 값비싼 장난감이 아닌 생활 소품으로 아이랑 놀아주고, 잠자기 전 15분씩은 꼭 책을 읽어준다. 언뜻 보면 누구나 할 수 있고, 사소해 보이는 습관들이 유대인을 강하게 만든 원동력이 된다.

유대인의 가정교육은 주로 어머니에 의해 수행된다는 점에서 모친의 교육은 어느 교육 기관보다 중요하다. 유대인이 뛰어난 이유는 유대인 어머니의 특별한 자녀 교육법 때문이라고 주장할 정도로 어머니의 육아 교육은 중요하다. 그들은 자신이 원하는 대로 아이를 키우지 않고, 아이가 원하는 대로 키운다. 또한 유대인 어머니는 어려서부터 아이들이 독립적인 생활을 할 수 있도록 교육시킨다. 유대인 어머니는 아이로 하여금 빨리 글자를 깨우치도록 하는 조기교육에는 관심이 없다. 대신 아이가 말문을 열기 전부터 수많은 책을 읽어준다. 반복해서 많은 책을 들으며 성장하는 아이에게는 무한한 상상력과 창의력이 생겨난다(손혜신, 2001).

가정의 육아 원칙은 곧 학교 교육의 원칙으로 이어진다. 유치원에서는 주로 갖가지 놀이와 함께 친구와 어울리기, 이웃의 학교나 우체국, 은행 등의 견학이 주요 교과목이며, 문자나 숫자에 대한 교육은 물론 예체능 교육도 엄격하게 금지되어 있다(최재호, 2008). 유대인의 유치원에서는 글자를 가르치지 않는다. '조기교육'과 '조기 학습'을 엄격히 구분하는 것이다. 대신 생활 도구와 현장 중심의 체험 활동, 사회성과 역사의식을 키우는 그룹 활동, 대화와 토론 중심의 교육, 아이들이 스스로 선택하되 전공별로 전문 교사가 지도하는 자유 놀이 교육, 프로젝트 중심의 활동과 같은 다양한 방식을 통해, '전인발달'이라는 원칙에 충실한 통합교육을 한다. 또한 멀티미디어와 교구를 통합한 컴퓨터 프로그램이나 게임 교재들로 유아들에게도 과학기술과 사회·역사를 기르친다.

초등학생이 되면 각자의 이메일을 지급해 주며, 2학년부터 영어 교육을 실시한다. 이런 교육은 아동들에게 어릴 때부터 높은 사회의식과 함께 정보화 시대에 대한 적응력을 갖게 해 준다. 이스라엘에서는 아이에게 배움의 즐거움을 가르친다. 그래서 학교를 그 어떤 곳보다 재미있고 즐거운 곳으로 만들고 있다. 초등학교에 처음 입학한 아이들은 첫날 '배움의 달콤함'을 몸으로 익히는 의식을 치른다. 선생님이 신입생들을 앞에 두고 꿀로 알파벳을 써주면 아이들은 그걸 핥아먹는다. 그러면서 아이는 공부는 재미있고 달콤한 것임을 몸으로 느끼게 되는 것이다.

유대인은 아이에게 교과 과정을 가르치기만 하는 것이 아니라 그것을 배우고 자기 것으로 만드는 방법을 가르친다. 그것이 어른의 역할이라고 믿는다. 아이들에게 어려서부터 온갖 지식을 주입식으로 가르쳐 주고 시험에 합격하는 능력을 갖게 하는 우리의 교육 방법과는 확연히 다른 것이다. 유대인들은 리포트를 평가할 때도 가능한 한 많은 자료를 수집하도록 요구한다. 평가 기준도 리포트의 내용보다 그 수집한 자료들을 어떻게 다루었느냐에 중점을 둔다. "물고기 잡는 법을 가르치면 평생을 살 수 있다."는 익숙하고도 평범한 그들의 속담 속에 유대인들의 교육 방식이 투영되어 있다. 그것이 유대인들이 세계의 중심에서 뛰어난 능력을 발휘할 수 있게 만든 원동력인 것이다.

열린 사고를 위하여

이스라엘 교육의 핵심은 대화법이다. 이스라엘의 아이들은 무척 시끄럽고 말이 많다. 우리나라 관점으로 보자면 어른 말에 토를 달고 말대꾸하는 버릇없는 아이가 이스라엘 아이다. 이는 아이를 가르쳐야 할 대상으로 보는 것이 아니라 동등한 인격체로 대해서 어른과 똑같이 토론하고 그 결론을 이끌어내는 대화식 교육법 때문이다. 예를 들어 아이가 장난감 가게에서 인형을 사달라고 떼를 쓰면 이스라엘 엄마는 몇 시간이 걸리든 간에 왜 사줄 수 없는지 아이에게 설명을 하고 또 아이의 말을 듣는다. 그래서 이스라엘에서 엄마와 아이가 논쟁하는 모습은 언제 어디서나 쉽게 볼 수 있다. 학교 수업 역시 마찬가지다. 선생님은 설명하고 아이들은 조용히 듣는 일반적인 학교 모습은 상상할 수 없다. 선생님의 말이 떨어지기가 무섭게 아이들은 끊임없이 질문하고 또 대화한다. 이것이 바로 이스라엘 교육의 핵심인 대화법이다. 이렇듯 유대인 교육은 아이들을 세상 속에 지극히 자연스럽게 풀어놓고 가능한 한 많은 것을 직접 느끼게 하고 생각하게 만들어 열린 사고 구조를 가지게 한다. 무언가 특별힘이 있을 셧 같른 이스라엘 교육법은 의외로 평범하며, 다음과 같이 정리될 수 있다.

첫째, 아이들에게 질문하고 귀를 기울인다. 유대인에게 '질문'은 자녀 교육의 중요한 덕목 중 하나다. 유대인 아이들은 학교에서든 집에서든 질문을 하고 질문을 받는다. 부모에게 질문을 받은 아이는 그에 대한 답을 찾기 위해 끊임없이 생각하고 논리적인 방안을 모색하고 고심하는 과정에서 사고력을 기를 수 있다. 이때 중요한 것은 아이에게 질문하는 방식이다. 유대인 부모들은 늘 "아이가 답을 얻기 위해 스스로 생각할 수밖에 없는 질문은 무엇일까."를 고민하며 가장 좋은 질문을 골라서 아이에게 던진다. 아이들의 질문에 대해서 부모는 정답을 말해 주지 않는다. 답을 구하는 데 도움이 되는 말을 건넬 뿐 아이 스스로 답을 구하도록 이끈다. 교실에서도 "너의 생각은 무엇이니?"라는 선생님의 질문이 이어진다. 이러한 교육이 자라나는 아이들에게 끊임없이 생각하게 함으로써 그들의 사고의 한계를 넓히게 되는 추진력이 되는 것이다.

사실 질문은 사고의 폭을 넓히는 좋은 도구이다. 유대인의 속담 중에는 "한 번 길을 못 찾는 것보다 열 번 길을 묻는 편이 낫다."는 말이 있다. 부모는 아이가 하는 말을 귀담아 듣고, 아이들은 궁금한 것이 있으면 부모에게 스스럼없이 질문한다. 하지만 부모는 아이에게 정답을 말해 주지 않는다. 답을 구하는 데 도움이 되는 말을 건넬 뿐이지, 아이 스스로 답을 구하도록 이끄는 것이다. 이러한 환경에서 자라난 아이들은 무언가를 할 때 자신감을 갖고 스스로 선택하고 결정한다. 그리고 자신이 내린 결정에 책임감을 갖게 된다. 어릴 때부터 자연스럽게 자립심과 책임감 등을 기르는 것이다(힐 마골린, 2013). 또한 그들의 질문은 'how(어떻게)?'가 아니라 'why(왜)?'이다. 왜 하는지에 대한 목표가 분명하면 방법은 얼마든지 바뀔 수 있기 때문이다. 때때로 질문은 'why not(왜 안 돼)?'이 되기도 한다. '안 될 것도 없지'라는 생각은 가능한 방법을 적극적으로 찾게 한다. 무(無)에서 유(有)를 창조하는 기쁨을 느끼기 위해서는 '질문력'을 높이라고 하는 주장도 있다. 생각하면 생각할수록 질문은 솟아오르는 데 반해 생각하지 않는 사람에게는 질문이 나오지 않기 때문이다.

둘째, 밥상머리 교육에 집중한다. 유대인의 중심에는 가정이 있다. 가정이라는 울타리 안에서 일어나는 가족들 간의 교감은 그들을 지탱하는 힘이다. 유대인에게 하루 중 가장 소중한 시간은 온 가족이 한자리에 모이는 저녁이다. 유대인에게 식탁은 아이들의 인격 형성에 매우 중요한 장소이다. 웃고 떠들며 대화를 나누는 과정에서 밥상머리 교육이 자연스럽게 이루어지기 때문이다. 아이의 일과를 들으며 부모가 칭찬과

격려를 하다 보면 저절로 인성 교육이 된다.

유대인들 가정에서는 주일마다 돌아오는 안식일에 모든 식구들이 한자리에 모이고 아버지가 탈무드에 대해 가르쳐 준다. 이처럼 유대인들에게는 안식일이 곧 가족의 날이다. 이러한 환경이어서인지 오늘날의 유대인들도 안식일에는 여행을 삼가고 장사도 쉬는 것이 보통이다. 유대인 가정에서 아버지의 역할은 중요하다. 히브리어로 아버지는 교사, 지도자라는 의미로도 해석된다. 아버지들은 매주 안식일이 되면 아이들을 한 사람씩 방으로 불러 대화를 나눈다. 그러므로 부모와 자식 간의 대화의 단절이란 있을 수 없으며, 아이들은 아버지를 가장인 동시에 살아 있는 교육을 행하는 선생님으로 여기게 된다. 그래서 어릴 적부터 공부하는 것도, 친구를 사귀는 것도 모두 아버지한테서 배운다. 유대인 어머니는 우리나라 어머니 못지않게 자녀 교육에 열성적이다. 영어로 '유대인 어머니(Jewish mother)'라고 하면 교육열 높은 어머니라는 의미를 지닌다. 유대인의 어머니들은 가르침을 전할 의무를 갖고 있으며, 자녀들을 가르치는 사람이 곧 여성이라는 자부심을 갖고 있다.

이스라엘에서는 모든 사회제도도 가정을 생활의 중심에 두도록 짜여 있다. 이스라엘 부모들이 합리적이고 너그러울 수 있는 비결은 바로 이러한 사회구조 덕분이라고 한다. 이스라엘 남자들은 직장에서 일이 끝나면 99%가 집으로 직행한다. 그러니 자연히 아이들과 함께 있는 시간이 길어지고 그만큼 아이에 대해 많은 것을 안다.

셋째, 아이와 대화하고 토론하고 논쟁한다. 유대 학자들은 대화와 토론을 하는 동안 "나와 남의 생각 차이를 이해할 수 있고, 또한 평소 생각할 수 없었던 무수한 아이디어들이 떠오르기 때문에 저절로 상상력과 창의성이 길러진다."고 주장한다. 실제 유대인 교육은 대화와 토론이 기본이다. 어릴 때부터 가정에서 대화와 토론 방법을 익히고, 학교 수업도 대부분 대화와 토론식으로 진행된다.

앞서도 언급했듯, 유대인의 교육 방법 중에는 '하브루타'라는 개념이 있다. 하브루타는 짝을 지어 질문하고 대화하고 토론하고 논쟁하는 것으로, 함께 이야기 나누는 걸 의미한다. 유대인의 문화를 대표하는 하브루타는 언제 어디서든, 어떤 상황에서도 이루어진다. 뱃속의 아기에게 책을 읽어주는 것도, 아이가 잠들기 전에 이야기를 들려주는 것도, 저녁을 먹으며 대화하는 것도 모두 하브루타라고 볼 수 있다. 또한 학교에서 교사가 학생들에게 질문하면서 수업하는 것도 하브루타고, 학생들끼리 짝을 지어 서로 가르치면서 토론하는 것도 하브루타다. 하브루타는 언어 발달은 물론 사회성 및 두뇌 발달에 도움이 된다. 특히 짝을 지어 질문하고 대답하고 토론하기 때문에 뇌를 역동적으로 자극하여 스스로 생각하게 하고, 이런 생각들이 모여 똑똑한 두뇌를 만든다. 또한 나만의 생각, 새로운 생각, 남과 다른 생각을 중요시하게 되어 창의성이 길러진다. 하브루타는 본질적으로 다른 사람과는 다른 생각, 새로운 생각을 요구하기 때문이다(전성수, 2012).

예시바에서도 토론과 논쟁을 즐기는 이스라엘 사람들을 흔히 볼 수 있다. 유대인의 전통적 학습 기관인 예시바(Yeshivah)는 세상에서 가장 시끄러운 도서관이다. 예시바에서는 도서관 좌석에 앉은 사람들이 모두 목소리를 높이며 떠든다. 이곳에서는 대부분의 사람들이 책상 위에 책을 산더미처럼 쌓아 두고 다른 사람과 치열하게 토론을 벌인다. 예시바의 책상들은 둘 이상이 마주보고 앉도록 놓여 있어서, 어느 누구도 혼자 공부할 수 없도록 되어 있다. 예시바는 질문을 매개로 한 토론과 논쟁의 공부를 중시하는 유대인의 교육 문화를 집약해 놓은 공간이기 때문이다(힐 마골린, 2013).

넷째, 남과 다르게 생각하는 법을 기른다. 유대인 가정은 아이들의 개성을 최대한 존중하고 키워주기 위해 노력한다. "다른 학생과의 경쟁에서 이겨라."라고 강요하기보다는 "남과 다르게 되어라."라고 가르친다. 아이들은 저마다의 성격과 성향을 갖고 있다고 생각하기 때문이다. 또한 아이가 남과 다르게 잘할 수 있는 것을 찾아주기 위해 다양한 분야에서 경험을 쌓게 한다. 공부만 하라고 윽박지르지 않고, 남과 다른 아이만의 개성을 최대한 살려주기 위해 물심양면으로 노력한다.

이 밖에 베갯머리 독서와 외국어에 대한 강조도 주목할 만하다. 유대인에게 베갯머리 이야기는 당연한 의무이자 자연스러운 일과이다. 아이가 한창 말을 배우기 시작할 무렵 부모가 들려주는 동화책은 어휘력 발달에 지대한 영향을 끼친다. 엄마 아빠가 들려주는 이야기를 들으면서 아이들은 풍부한 정서와 상상력을 키우게 되고, 부모에 대한 애정과 신뢰를 가슴 깊이 지닐 수 있다. 외국어 구사 능력의 강조는 유대인들의 민족적인 특징이라고 할 수 있다. 유대인들은 아주 일찍부터 모국어 이외에 서너 개의 외국어를 배우는 것을 일상화하였다. 아마도 자기 조국이 없어지고 남의 나라 땅에서 살아야 했던 오랜 방랑 생활이 가져온 결과로 여겨진다.

유대인 교육에서 무엇을 배울 수 있는가?

최근 정부가 이스라엘을 모델로 창조경제를 펼치고 있다는 사실이 알려지면서 자연스럽게 유대인 교육에서 답을 찾으려는 움직임이 일어나고 있으며, 유대인의 교육 방법을 실천하는 부모도 생겨나고 있다. 사고력과 창조력을 살릴 해법을 유대인의 교육에서 찾아볼 수 있기 때문이다.

유대인들은 세계 어느 민족보다 교육을 중요시해 온 민족이다. 유대인에게 배우는 일은 곧 선이며 성스러운 의무이다. 그들의 창조 정신은 가정, 학교, 사회에 뿌리내려 있다. 유대인 교육에서 우리가 배울 수 있는 것은 무엇보다 그들의 교육 방식이 자기 주도적이고 창의적인 인재를 키우는 데 적합하다는 점에서 찾을 수 있다.

교육적인 가정을 이야기할 때 흔히 유대인을 떠올린다. 교육을 중시하는 점에서는 한국인과 유대인은 차이가 없는 듯하다. 그러나 그 방법은 크게 다르다. 우리나라 부모들은 아이에게 뭔가를 가르쳐야 한다는 강박관념에 사로잡혀 그림책을 많이 보여주고, 유명한 어린이집이나 유치원에 보내야 한다고 생각한다. 그러나 유대인 부모는 어린이에게 먼저 이야기부터 들려주고 수수께끼로 사고력을 훈련시키며 재미있게 배우게 함으로써, 공부는 즐거운 것이라는 인식을 갖게 한다.

유대인 부모는 입학 첫날 자녀에게 학교에 가면 훌륭한 선생님을 만나는데 무엇이든 모르면 선생님께 물어보라고 한다. 이에 반해 우리의 경우는 학교에 가면 선생님 말씀 잘 들으라고 한다. 한 쪽은 자율성을 강조하는 반면, 다른 한 쪽은 타율적이라 할 수 있다. 유대인은 말을 잘 듣는 착한 아이가 나중에 커서 훌륭한 어른이 된다고 생각하지 않는다. 그보다는 호기심을 키우고 모르는 것은 당당하게 물어보며, 자신의 의견을 말하고 논리적으로 생각을 펴 나갈 수 있는 아이로 자라도록 배려한다. 유대인들에게 질문 없는 교육은 상상력의 단절을 의미한다.

유대인들은 우리처럼 학교에서 아이들에게 무엇을 배웠느냐, 선생님 말씀 잘 들었느냐고 묻지 않는다. 대신 선생님에게 무슨 질문을 했느냐고 묻는다. 우리는 선생님이 무엇을 가르쳐 주었느냐를 중시하지만 유대인들은 아이가 실질적으로 무엇을 배웠고, 무슨 생각을 했고 어떤 질문을 가졌는지를 더 중요하게 생각한다. 우리는 배운 내용이 중요하고 그걸 궁금해하지만 유대인들은 아이가 무엇을 궁금해 하고 어디에 관심을 가지고 있고, 무엇을 묻고 무엇에 대해 토론했는지를 궁금해 하는 것이다.

유대인의 자녀 교육에는 어두운 곳을 통해 밝은 곳을 보는 인간으로 성장하라는, 그리고 어떠한 어려움을 만나든 좌절하지 않고 그 어려운 체험을 통해 미래에 대한 희망을 잃지 않고 살아갈 수 있는 인간이 되기 위해 노력을 아끼지 말라는 소망이 담겨져 있다. 유대인의 가르침 중에는 "사람은 잘 배워야 한다. 하지만 수동적으로 배우는 습관을 가져서는 안 된다."라는 말이 있다. 아이가 수동적으로 배우는 데 익숙해진다면 인간의 천성적인 창의력이 서서히 사라진다고 보는 것이다.

유대인 가정교육은 어린이의 개성을 최대한 존중하고 신장시키며 자주성과 독립성을 훈련시킨다. 이를 위해 유대인 가정에서는 형제의 능력을 비교하여 면박을 주는 일을 하지 않는다. "형제의 머리를 비교하면 양쪽을 다 죽이지만 개성을 비교하면 양쪽을 다 살릴 수 있다."는 유대인 격언은 개성을 중시하는 유대인 교육관을 잘 보여주고 있다. 유대인은 '베스트(Best)'가 아니라 '유니크(Unique)'를 지향한다는 주장도 같은 맥락이다. 베스트는 단 한 명뿐이지만 유니크는 각자의 개성과 재능에 따라 모든 사람이 될 수 있다는 주장인 것이다(육동인, 2013).

우리나라 부모들은 내 자식이 남과 다르기 때문에 피아노를 더 잘 쳐야 하고 더 좋은 옷을 입어야 된다고 생각하는 데 반해, 유대인 부모는 내 자식이 남과 다르기 때문에 피아노를 굳이 배울 필요가 없다고 생각한다. 모든 어린이는 각자의 능력과 재능을 가지고 있기 때문에 획일적인 것이 아닌 개별적인 교육이 창의성을 길러준다는 게 그들의 교육관이다(손혜신, 2001). 또한 우리나라 부모들은 아이에게 많은 기대를 갖고 사회적으로도 인정받는 위치에 서기를 바라며 남들에게 뒤지지 않게 수많은 학원에 보내거나 과외를 받게 하는 것을 당연하게 여긴다. 이에 반해 유대인 부모들은 아이가 사회적으로 인정받는 직업에 종사할 것을 권하지 않는다. 아이의 생각이 좀 엉뚱하다 하더라도 자신이 원하는 일이라면 아이의 든든한 상담자와 조력자 역할을 해준다. 사람이 추구하는 행복은 서로 다르다는 것을 알기에 개성 있는 삶을 가꿔 나가는 것을 도와주며 자신이 진정 좋아하는 일을 하는 것이 행복이란 것을 일깨워주는 것이다.

유대인들은 자녀의 경제 교육에도 특별한 관심을 쏟는다. 유대인 아버지들은 아이가 세 살이 되면 경제 교육을 시작한다. "자녀에게 먹고 사는 방법을 가르쳐주지 않으면 강도로 키우는 것과 같다."는 유대인 격언에 따른 가르침이다. 유대인들의 경제 교육은 일찍 시작된다. 유대인들은 어린 자녀들이 경제 감각을 익히도록 하기 위해 생활 속에서 아이들과 경제 교육을 한다. 예를 들면, 어린 자녀에게 장난감 대신 주식 통장을 선물한 후 자녀가 관리하게끔 하기도 하고, 중학생 정도가 되면 경제신문을 읽게 하고, 그 이후부터는 소액 상품에 투자를 해보도록 권유하기도 한다. 유대인들은 자녀가 5세가 되면 용돈을 준다. 돈의 가치와 저축의 재미를 알려주기 위한 것이다. 유대인 부모들은 경제 교육과 함께 돈의 중요성을 알려준다. 용돈은 벌어서 쓰는 거라고 가르치며, 힘들게 번 용돈은 낭비할 수 없게끔 한다. 집에서 할 수 있는 잔디 깎기, 구두 닦기, 설거지 등 일의 강도에 따라 용돈을 달리 지급한다.

유대인은 누구나 13세가 되면 '바르 미츠바(Bar Mitzvah)'라고 불리는 성인식을 갖는다. 이 성인식에 초청된 하객들은 축하금을 전달하는데, 이 축하금이 석게는 몇 백만 원에서 크게는 몇 천만 원 정도의 금액이다. 부모들은 잔치 비용을 뺀 나머지 전부를 자녀 몫으로 주며 직접 관리하게끔 한다. 성인식에 들어오는 축하금을 청소년들이 예금, 채권 구입 등을 통해 스스로 관리함으로써 구체적인 실물 경제의 감각을 키우고 덤으로 돈까지 불린다.

어려서부터 돈의 소중함과 돈이 만들어 내는 힘을 배운 이스라엘 사람들은 돈에 차별이 없다고 생각한다. 좋은 돈, 나쁜 돈이 따로 없다는 것이다. "돈은 인간을 축복해주는 고마운 것이고 빈곤은 폐허와 같다."는 말도 있다. 이렇게 유대인들이 가진 돈에 대한 남다른 생각은 오랜 시간 이어 온 교육의 결과이다.

기부에 관한 전통도 주목할 만하다. 유대인 부모들은 자녀들이 어릴 때부터 돈을 주며 "구걸하는 사람에게 주고 오라"든지 "모금함에 넣고 오라"는 식의 교육을 한다. 자신의 돈을 다른 사람을 위해 쓰는 것을 당연하게 생각하는 것이다. 우리는 보통, 사람들에게 도움이 되고 싶다는 마음이 동반되지 않으면 자선을 행하지 않는다. 그러나 유대인에게 자선은 의무처럼 여겨진다. 그들에게는 자선은 "하고 싶다." 또는 "하고 싶지 않다."라는 개인의 기분 이전에 이미 결정되어 있는 것이다. 록펠러 재단을 비롯하여 미국의 각종 재단에서 운영하는 미술관이나 박물관 앞에 붙은 기증자의 상당수가 유대인이라는 사실은 이런 전통에서 비롯된 것이다.

우리나라도 유대인 못지않게 교육에 대한 열정이 강하지만 유독 경제 교육과 자립심 등에 관한 교육은 취약한 것 같다. 최근 우리나라에서 문제점으로 등장한 '캥거루족(성인이 되어서도 자립할 능력이 없어서 부모에게 경제적으로 의지하는 사람을 일컫는다)'의 증가를 막기 위해서는 자녀가 일정 나이가 되면 스스로 진로와 함께 경제적으로 독립할 수 있게끔 교육하는 것이 중요하다.

실패에 대한 유대인의 접근도 우리에게 시사하는 바가 크다. 유대인 비즈니스맨들 중에는 이전에 장사를 하면서 호되게 어려움을 겪었을 때의 계약서를 사무실 벽에 걸어두고 있는 사람이 있다는 말을 흔히 들을 수 있다. 그러한 생각은 "실패한 일을 모두 잊어버리고 새로이 시작한다."는 우리의 생각과는 전혀 다르다. 유대인에게 있어 실패나 패배는 다음 성공을 위한 출발로서 언제나 뇌리에 새겨져 있어야 하는 것이다.

유대인이 논쟁을 즐기는 민족이라는 특성도 눈여겨볼 만하다. 그들은 상대방의 의견을 잘 들은 다음 항상 자신의 의견을 말한다. 그리고는 서로 납득이 갈 때까지 논쟁한다. "유대인이 두 사람 있으면 세 가지 의견이 나온다."는 말이 있을 정도다. 이러한 성향은 유대인이 가지는 커다란 힘의 원천이라 볼 수 있다. 말하는 상대에게 반대 의견을 내기 위해선 자기 생각을 확실히 가지고 있어야 하고, 그러기 위해서는 언제나 머리를 써야 하기 때문이다.

이스라엘은 어릴 때부터 다양한 경험을 할 수 있는 여건을 마련하면서 교육을 실시하는 데 반해 우리나라는 대부분 동일한 과정을 거치며 동일한 곳을 바라보며 달려가고 있다는 점도 진지하게 검토할 필요가 있다. 인적자원을 좀 더 다양하고 가치 있게 활용하는 방법을 이스라엘 시스템을 통해 벤치마킹할 수 있는 대목이다.

또 다른 힘의 원천, 유대인 네트워크

유대인을 가리켜 "세계에서 가장 단단하게 뭉친 민족"이라고들 말한다. 사실상 전 세계에서 유대인은 한 장의 담요처럼 짜여져 있다. 모든 유대인을 한 덩어리로 묶어주는 이 '담요'를 떠나서는 유대인은 존재하지 못한다. 이것을 유대인은 히브리 말로 '하베림 갓 이스라엘'이라고 말한다. "모든 유대인은 한 덩어리다."라는 뜻이다. 고대에서 오늘날까지 읽히고 있는 유대인의 고전에는 "이스라엘 백성은 하나다.", "유대 민족은 하나다. 뭉쳐야만 한다.", "그들은 같은 길을 가는 사람이다."라는 말들이 자주 되풀이 된다. 이처럼 유대인은 유대라는 공동체 속의 한 사람이 될 때에 비로소 유대인이 된다.

이러한 사고방식은 고대로부터 지금에 이르기까지 이어지고 있다.

유대인이 한 가족이라는 말은 결코 꾸미거나 부풀려서 하는 말이 아니다. 이와 같은 단단한 결합이 없었다면 유대인은 아득한 옛날에 다른 민족과 문화에 동화되어, 오늘날에는 역사책의 한 구석에 기록되는 것으로 끝장이 나고 말았을 것이다. 박해의 역사를 걸머지고 세계 각처를 떠돌던 유대인들 가운데 수많은 노벨상 수상자와 세계 시장을 지배하는 거대 자본가들을 배출하고 예술·과학·정치·문화 등 모든 분야에서 탁월한 업적을 성취한 비결 역시 교육을 통한 공동체 함양과 네트워크를 통한 결속력의 강화에서 그 이유를 찾을 수 있다.

상부상조의 일상화

유대인들의 민족 서로 돕기와 혈족 의식은 전통 유지와 동질성의 확인에서 비롯된 것이다. 2,000년에 이르는 오랜 디아스포라 시대에서 자신의 주체를 잃지 않고 견딜 수 있었던 것도, 어려운 처지에 놓여 있는 동포를 도울 수 있었던 혈족 의식도 여기서 비롯된 것이다.

이 중 미국의 유대인 모금 조직은 대표적인 것이다. 전주(錢主)는 성공한 유대인으로, 1만 달러에서 50만 달러 정도의 기금을 내는 이가 절반이다. 500만 달러가 넘는 거액 기금도 흔하다. 이런 모금액 중 80%를 본국 이스라엘에 보낸다. 다른 나라에 있는 유대인들을 돕기도 하고 소수 민족을 돕기도 한다. 이런 모금 단체를 포함하여 각종 커뮤니티 조직만도 미국에 200여 개가 넘는다. 요란하지 않고 조용하게, 자발적으로 참여하는 유대인들은 모국인 이스라엘과 미국 두 나라 경제를 모두 살린다는 자세를 갖고 있다.

앞서도 언급했듯 유대인들은 '디아스포라(Diaspora)'라는 말을 자주 한다. 이스라엘 밖의 지역에 사는 유대인을 일컫는 그리스어인데, 우리말로 하면 '이산'이나 '민족의 흩어짐'쯤으로 해석된다. 어느 나라에 살든 유대인은 하나라는 뿌리 깊은 인식이 그들을 강하게 만드는 것이다. 이스라엘과 아랍권 사이에 전쟁이 일어났을 때 미국에 유학하고 있던 유대계 학생들이 서둘러 이스라엘로 돌아가 전쟁에 참여한 데 반해 아랍계 학생은 방관만 했다는 이야기는 우리에게 잘 알려져 있다. 일반적으로 해외에서 살고 있는 유대인들은 이스라엘에 대한 일반적인 관심뿐만 아니라 매우 우호적이고도 적극적인 관심을 지니고 있다.

디아스포라는 로마에 의해 강제 이주를 당한 유대인들의 슬픈 역사이고 지금도 상처로 남아 있다. 하지만 결과적으로는 유대인들이 남들보다 일찍 글로벌화하는 데 기여한 것도 사실이다. 유대인들은 외국에 살면서도 그들만의 거류지를 형성하고 유대교의 시나고그(synagogue, 유대교 회당 - 편집자 주)를 중심으로 뭉쳤다. 유대인들은 디아스포라를 통해 교역 네트워크를 형성했다(이영선, 2012). 유대민족은 오늘날에도 세계 곳곳에서 생활하고 있다. 미국의 600만 명을 포함하여 전 세계에 살고 있는 유대인 인구는 1,300만 명에 이른다. 그리고 유대민족끼리 국경을 넘어 서로 연결돼 있다는 유대감은 유대민족에 있어서 당연한 사고방식이다. 유대인은 전 세계에 흩어져 있는 유대인끼리 항상 긴밀한 연락을 취한다. 미국계 유대인이든 유럽계 유대인이든 동족인 것이다. 런던도 워싱턴도 모스크바도 연결되어 있다. 예컨대 이스라엘의 아스키른이라는 작은 소도시에서 다이아몬드를 연마하는 상인은 뉴욕의 5번가나 암스테르담의 도매상과 수시로 연결될 수 있다(최재호, 2008).

이렇듯 전 세계 유대인은 하나의 네트워크로 연결되어 있으며, 이스라엘은 네트워크의 중심축이다. 해외에 흩어져 사는 유대인들은 이스라엘에 직접 투자를 하거나 그들의 네트워크를 이용하여 거주국의 기업이 이스라엘에 투자하도록 적극 권유한다. 지금도 동포애 차원에서 비즈니스, 관광, 교육, 보건, 환경 등에서 다양한 기부활동을 전개한다. 이스라엘을 위한 특별한 펀드도 조성했다. 1990~1997년 10억 달러의 자금을 조성하여 구소련에 살던 유대인을 이스라엘에 정착시키는 데 사용한 것은 좋은 예이다(이영선, 2012).

박해당하고 학살당하며 이 나라 저 나라에 갈기갈기 흩어진 유대민족, 그러면서도 선민의식을 견지해 온 그들은 서로 돕지 않을 수 없었다. 그렇기 때문에 그들은 철두철미하게 서로를 돕는 것이 몸에 배어 있다. 예컨대 전 세계 모든 유대인 사업가는 지역의 상회(商會)를 상당히 중시한다. 그래서 어느 곳에 거주하든 반드시 상회를 만들어 서로의 이익을 보호하고, 상업에 종사하는 유대인들이 서로 연락망을 갖추어 법의 테두리 안에서 상업 활동을 하게 돕는다. 주식회사나 합작회사가 유대 사회에서 처음 생겨난 것도 유대인들이 혈연 의식과 지역 정신이 강하고, 합작하는 것을 좋아하기 때문이라는 주장도 있다(왕평, 2009).

세계 여러 곳에 분산돼 있는 국가에 같은 민족이 흩어져 살고 있는 그들이 서로 연락을 취하고 정보를 교환하며 서로 돕고 서로 이어져 있을 때, 이미 국경이란 것은 큰 장애가 되지 않는다. 동양에서는 화교가 유대인과 비슷한 성향을 보인다. 그들에게 있어서는 싱가포르의 화교나 홍콩의 화교 혹은 대만의 화교 그리고 중국 본토에 있는 동족은 모두 국경을 넘어 연결돼 있으며 서로 돕는 일이 당연한 것으로 되어 있다. 이러한 네트워크가 세계적으로 크게 확대되어 엄청난 힘을 가지고 있는 유대인들의 보이지 않는 조직이며, 파워의 기초이다.

예컨대 '다국적기업'의 개념은 유대민족이 망국의 백성, 무국적의 백성으로서 이 나라 저 나라를 떠돌던 이산·유랑의 역사 속에서 생겨났다. 항상 불안에 떨면서 국경을 넘어 세계를 유랑하던 유대인에게는 국가도, 국경선의 개념도 없었다. 국경선이 없는 지구와 지구 밖의 상공에서 세계를 조망한다고 하는 발상이야말로 유대민족이 고난 속에서 얻은 것이다. 이런 유대인들의 세계관으로부터 다국적기업의 발상이 떠오른 것이며, 오늘날 선진국 대기업의 주류를 이루고 있다.

이러한 다국적기업의 중추부인 재무 담당 최고 고문이나 법률 담당 최고 고문은 대부분 유대계 미국인들이 차지하고 있다. 유대계 사람들이 다국적기업의 경영에 관해 우수한 수완을 보이기 때문이다. 유대계 미국인이야말로 세계 유수의 다국적기업을 실질적으로 운영하는 전략을 짜는 데 뛰어난 사람들로 이스라엘 경제에 막대한 영향을 미치고 있다. 유대인들은 어떻게 미국에서 그렇게 막강한 힘을 갖게 되었는가? 그들의 인구 점유율은 겨우 3%, 즉 그들의 성공은 그들이 가진 수에 의한 것도 부에 의한 것도 아니다. 그들이 미국에서 성취한 힘도 바로 유대인들의 네트워크와 민족적 단결 등에서 그 이유를 찾을 수 있다.

네트워크에 대한 유대인의 애착은 국외의 우수한 유대인

에 대해 전폭적인 유인책을 쓰거나, 동기 부여 인센티브를 통해 그들을 끌어들이는 적극적인 이민 정책에도 잘 드러난다. 실제로 이스라엘은 미국, 영국, 러시아 등 세계 각지에 흩어져 있는 유대인 공동체를 상대로 적극적인 흡인 정책을 펴 해외의 유대인들을 끌어들였으며, 이들은 이스라엘이 성장 발전하는 데 크게 기여하고 있다. 예컨대 1990년대 70만 명 이상의 러시아계 유대인이 이스라엘로 돌아오게 하였으며, 2008년 세계 금융 위기 당시 해외에서 어려움을 겪고 있는 이스라엘 출신 3,000여 명의 젊은 학자들을 이스라엘에 정착하게 하였다.

미국과 유럽에 있는 국외 유대인과의 네트워크를 통해 홍보와 기술 확산을 위한 마케팅이 용이한 점도 이스라엘의 강점으로 작용하고 있다. 창조적인 개발력과 결과물은 이러한 유대인 네트워크를 통해 세계로 쉽게 확산되기 때문이다. 전세계에서 가장 많은 특파원이 주재하는 곳이 이스라엘이고 이스라엘이 가장 많이 생산하는 제품은 '뉴스'라는 점에서 이스라엘에서 개발하는 기술은 이들 특파원을 통해 아이디어 단계라도 신속하게 전 세계에 전파된다(김기헌 외, 2013).

유대 공동체 네트워크

유대인을 하나로 묶는 조직의 조직력과 파워도 주목할 만하다. 예컨대 미국 내 유대인 단체 본부인 전미유대인협회(NJCARC)는 국가 조직과 흡사해 교육·과학·방위·사회 등 각 분야에 산하 조직을 두고 있다. NJCARC는 미국 내 1,200개 도시에 산재해 있는 유대인 단체의 총본산으로 각 지부 위에 30개의 상위 중간 조직이 있고, 이 가운데는 회원 수가 100만 명이나 되는 5대 단체가 있다. 가장 큰 단체인 미국유대인연합회(American Jewish Congress)를 비롯해 ATC, AZO, ADL, HADESSA가 바로 그것이다. 이 중 HADESSA는 여성 단체로 회원수가 150만 명에 이르는 세계에서 가장 큰 여성 단체 중 하나이다.

이런 유대인 조직들은 각 조직들이 좋아하는 테마에 입각하여 활동하고 있다. 또한 비유대인에 대한 계몽에 주안을 두고 TV나 라디오의 스폰서가 되어 유대인 문제를 다루거나, 기독교인이나 흑인 대표와의 토론을 방송하여 유대교의 선전에 종사하고 있는 단체가 있는가 하면, 이스라엘 여행을 전문으로 하는 여행사와 같은 단체도 있다. 언뜻 보면 여러 가지 활동을 차별적으로 전개하는 것처럼 보이지만 많은 단체가 공통으로 주력하는 유대인의 종교·문화적인 전통의 계승과 유대인의 권리 옹호에 힘쓰고 있다.

유대 단체는 이스라엘 건국 이전부터 존재한 유대인의 세계적 조직이면서 어떤 측면에서는 이스라엘 정부 이상으로 강한 힘을 가지고 있다. 유대 단체는 이스라엘 건국에 중요한 역할을 하였으며, 현재도 이스라엘에 대한 경제 원조, 이스라엘 이주자에 대한 여비 지급에서부터 취업 알선 등의 활동을 통해 세계 각지에 흩어져 있는 유대인들을 하나로 모으는 역할을 하고 있다. 이 단체들은 1948년 이스라엘 건국을 계기로 미국과 이스라엘을 특수 관계로 묶는 데 중요한 역할을 했고, 전 세계에 흩어져 있는 유대인들의 권익 향상을 위해 구소련은 물론 아프리카의 에티오피아에 이르기까지 지구상 전 대륙으로 그 영향력을 확대하고 있다.

예를 들어 에이펙(AIPAC, American-Israel Public Affairs Committee, 미국-이스라엘 공적위원회)은 약 5만 5,000명의 각계 유력 인사를 정회원으로 확보하고 미국의 중요한 주마다 지부를 두고 있는 단체이다. 이 단체의 모토는 미국과 이스라엘의 동맹 강화이지만 실제 목적은 이스라엘 국익을 보호하고 미국 내 유대계의 권익을 옹호하는 것이다. 「뉴욕 타임스」는 에이펙이 최소한 상원의원 45명과 하원의원 200명의 고정적인 지지를 확보하고 있다고 보도하기도 했으며, 요르단의 후세인 국왕은 "미국의 대(對) 중동 정책 기조는 에이펙이 설정한 범주를 넘기 어렵다."고 꼬집기도 했다(박재선, 2002).

2013년 3월 워싱턴에서 열린 에이팩 연례 총회는 그 규모와 역할을 가늠할 수 있는 척도다. 1만 명이 넘는 유대인이 모인 이 자리에는 연사로 조 바이든 미국 부통령과 로버트 메넨데즈 상원 외교위원장, 에드 로이스 하원 외교위원장 등 주요 정치인들이 나섰다. 2012년 모임에는 버락 오바마 대통령도 참석했다. 사흘 동안 200개 이상의 세션이 진행되었으며, 주제도 종교에서부터 이란 핵 문제 등 다양했다. 이란 핵 문제의 경우 강경한 이란 제재 법안을 만드는 게 당시 목표였다. 이를 위해 전문가들과 활동가들이 이란의 핵무기 개발 단계를 자세히 설명한 뒤, 각 회원이 지역구 의원들을 찾아가거나 편지를 보내 자기편으로 만드는 방식을 활용한다. 일반적으로 에이팩이 추진하는 법안은 초당적 지지를 받게 되는 경우가 많은데 이런 물밑 작업이 작용한 결과라고 볼 수 있다(박현, 2014).

이러한 유대 조직은 유대인으로서의 생활을 유지하고 언어, 역사, 문화를 전수하는 데 필요한 모든 경비를 지원한다. 신문 발행이나 각종 문화 행사 경비도 포함된다. 총 경비는 연 8~10억 달러 정도이며 전액 기부금으로 충당된다. 바로 이같은 조직적인 연대와 이를 매개로 한 사회활동 참여를 통해 현재의 성공이 가능했다고 볼 수 있다. 즉 유대인들의 성공에 특별한 비결이 있다기보다는 완벽한 조직과, 이를 통해 공적 활동에 참여함으로써 적응력을 기르려는 노력의 결과가 매우 뛰어났다는 데에서 그 이유를 찾을 수 있다.

최근 유대인들은 인터넷에 민족 공동체를 위한 네트워크를 구축해 운영하면서 커다란 성과를 얻고 있다. '유대인 커뮤니 케이션 네트워크'는 홈페이지(http://www.jcn18.com)에 "전 세계 유대인을 연결해 디지털 유대공동체를 창조한다."는 취지를 밝히고 무려 1,500개가 넘는 이스라엘 및 유대인 관련 사이 트를 연계해 놓아 세계 유대인들의 나침반 구실을 하고 있다. 1936년부터 세계 유대인의 대변인 역할을 해온 '세계 유대인 의회'도 인터넷 홈페이지(http://www.virtual.co.il)와 지부를 통해 80여 개국에 흩어져 살아가는 유대인들의 정치적 이해를 관 철시키려 노력하고 있다.

이스라엘은 창조경제의 모델인가?

정부의 창조경제에 대한 구상이 발표되고, 이스라엘을 창조경제의 모델로 선정했다는 점이 알려지면서 이스라엘에 대한 관심이 폭발적으로 증가하였다. 이스라엘의 기업가 정신과 벤처, 기술 금융 제도 등에 관심을 집중하면서 이스라엘을 배우자는 목소리가 높다. 이스라엘은 인구 760만 명의 작은 나라이지만 정보통신 기술 산업의 대국이다. 이스라엘은 국내총생산 대비 연구개발비 비율 4.5%, 국민 1인당 벤처투자액 170달러, 국민 1만 명당 연구개발 인력 140명으로 모두 세계 1위다. 벤처 창업이 세계에서 가장 활발한 나라이기도 하다. 구글, 마이크로소프트, 인텔, 삼성 등 200여 개에 이르는 해외 대기업이 이스라엘에 연구개발센터를 두고 있다. 현 정부의 창조경제 이미지에 잘 어울리는 나라라고 할 수 있다. 사실상 이스라엘을 모델로 하는 창업경제와 요즈마 펀드는 우리나라 창조경제의 중요한 정책 대안으로 논의되고 있다.

앞에서 살펴본 바와 같이 이스라엘 경제의 성공 요인은 다른 사람의 말을 개의치 않고 자신의 생각을 밀어붙인다는 '후츠파', 실패를 용인하는 사회·문화적 분위기, 창업 지원 자금의 활성화 등으로 요약될 수 있다. 첫째, 후츠파는 이스라엘 사람들이 지니고 있는 독특한 도전 의식을 잘 표현한 것으로 볼 수 있다. 이스라엘의 경제성장을 분석한 『창업국가』는 싱가포르가 이스라엘보다 못한 이유는 "발상 전환을 용납하지 않는 권위적 질서 중심 문화" 때문이라고 주장한다. 싱가포르의 복종과 순응이 창조성을 사라지게 했다는 주장으로 이것은 우리의 상황과 크게 다르지 않다. 또한 후츠파는 대화와 토론을 중심으로 창의력을 키우는 교육 시스템과 긴밀하게 연결돼 있다는 점에서 우리가 심도 있게 검토해야 할 사항이다. 획일적이고 주입식으로 진행되는 입시 위주의 교육에서는 창의성 있는 인력이 양성될 수 없기 때문이다. 둘째, 도전을 독려하고 실패를 인정해 주는 사회·문화적 분위기는 창업의 활성화를 위해서 필수적인 요소라는 점에서 벤치마킹해야 할 중요한 부분이다. 미국의 실리콘 밸리의 경우에도 창업의 성공률이 20%도 되지 않는데, 우리 사회는 실패를 용납하지 않는 사회 분위기 및 제도적 금지도 인해 창업에 도전하기 어려운 것이 현실이기 때문이다. 셋째, 창업 자금의 지원은 창업의 성공률을 제고시키는 데 필수적이다. 이스라엘이 벤처기업 창업 지원을 위해 시행하고 있는 다양한 정책은 우리의 창업 열기를 제고하는 데 중요한 시사점을 던져주고 있다.

기초과학에 답이 있다

이스라엘의 기초과학에 대한 강조도 눈여겨볼 대목이다. 기초과학에 대한 강조는 기초과학에 대한 이해를 바탕으로 혁신이 이루어지며, 기초과학이 약하면 세계 최고가 될 수 없다는 인식에서 비롯되었다. 2009년 노벨화학상 수상자인 아다 요나스(Ada Yonas) 바이츠만 연구소 교수는 "이스라엘은 당장 이익은 나지 않더라도 기초과학과 지식, 다른 학문간 교류를 존중하는 문화가 있다."고 주장한다. 이와 비슷하게 다니엘 자이프만(Daniel Zaifman) 바이츠만 연구소장도 "새로운 것에 도전하기 위해서는 기초과학이 강해야 하며, 기초 분야만이 미래를 보장한다."고 주장한다. 그는 또한 "기초과학은 돈을 지식으로 만드는 것이고, 산업화는 지식을 돈으로 만드는 것"이라고 정의한 뒤 수십 년 뒤에는 접근하기 어려웠던 기초과학일수록 다양한 분야에서 활용이 되며 훨씬 더 큰 결실을 맺게 된다고 주장한다. 그는 응용연구에서 나올 수 있는 것은 한계가 있기 때문에 응용연구를 전체의 15% 이내로 제한하고 있다고 말한다. 이들은 모두 기초과학이 결국 장기적으로 나라의 내실을 다지고 많은 것들을 지속가능하도록 만들 거라 믿는다.

특히 이스라엘의 대학은 모두 연구 중심 대학으로 이스라엘 기초연구의 대부분을 담당하고 있으며, 2000년대 들어 4명의 노벨화학상 수상자를 배출하는 등 기초과학 강국으로서의 입지를 구축하였다. 세계 5대 기초과학연구소 중 하나로 꼽히는 바이츠만 연구소는 물리학, 화학, 생물학, 생화학, 수학 및 전산학 등 공학이 아닌 기초과학 5개 학부 중심이다. 석사 과정에 입학하면 반드시 1년간 자신의 전공이 아닌 다른 학과의 수업을 들어야 한다. 생물학 전공자라면 화학, 물리학, 수학 과정을 4개월씩 나눠 배우는 것이다.

바이츠만 연구소가 원천기술을 갖고 있는 한 신약의 경우 세계 시장에서 매년 2조원의 매출을 올리고 있는데, 이는 하루아침에 이루어진 것이 아니다. 이 신약 개발 과정을 보면 1970년대에 연구가 이루어졌고, 1980년대 후속 연구와 1990년대 임상실험을 거쳐 2000년대 후반에 와서야 상용화가 이루어졌다. 이 사례에서 보듯이 기초과학 연구의 성과가 나타나기까지는 오랜 시간이 필요하지만 일단 사업화에 성공하면 경제적 파급 효과는 엄청납니다. 바이스만 연구소는 기초과학을 기반으로 신약 개발 등의 특허에 따른 로열티 수입이 한 해 3조원을 넘는다(권대경, 2013, 8.5 서울경제).

기초과학에 대한 투자 비중도 매우 높은 수준이다. 이스라엘은 인구 1만 명 당 과학기술자 수가 140명으로 2위인 미국(83명)을 크게 앞선다. GDP 대비 연구개발비 비중은 4.68%로 세계에서 가장 높다. 기초과학의 든든한 뒷받침을 바탕으로 소프트웨어 산업도 다른 분야와 창의적으로 결합해 혁신을 이루어내고 있다. 기초과학을 등한시하고 기존의 기술을 발전시키는 데만 치중하는 것은 장기적인 안목으로 봤을 때 문제가 있다. 그만큼 독창성이 떨어지기 때문이다. 남과 다른 한 발짝을 위해서는 기본부터 다져야 한다는 중요한 의미를 담고 있다.

학문간 융합 혹은 통섭도 우리에게 중요한 시사점을 준다. 팀 단위, 서로 다른 시각과 새로운 실험들을 접하면서 생각의 폭을 키울 수 있게 되며, 혁신은 인문학과 공학, 물리학과 의료 등 '섞는 것'에서 싹트기 때문이다. 융합은 창조와 혁신의 핵심 경쟁력이기도 하다. 바이츠만 연구소의 오렌 탈 화학물리학 교수는 "다른 분야를 기웃거려 봄으로써 자신의 전공 분야에서 볼 수 없는 새로움을 발견할 수 있고, 이 과정에서 자연스럽게 창의력이 길러진다."고 설명한다(강현우, 2011, 한국경제). 오늘날 과학기술 분야에서 경쟁력을 높이기 위해서는 융합적 사고력을 바탕으로 창의적 감성까지 갖춘 인재가 요구되고 있다는 점에서 중요하게 받아들여야 할 대목이다.

한국 사회에 어떻게 적용될 수 있을까?

천연 자원이 전무한 상황에서 창의성을 발휘하게 하여 첨단 경제 시스템을 구축한 이스라엘은 최고의 자산이 사람인 우리나라가 벤치마킹할 만한 모델로 볼 수 있다. 이스라엘로부터 우리가 벤치마킹해야 할 부분은 앞으로도 충분히 논의되어야 되어야 하며, 각론에서는 우리가 배울 점들이 많다. 가장 창의적인 민족으로 꼽히는 유대인과 가장 혁신적인 국가인 이스라엘을 제대로 아는 것은 우리가 객관적으로 파악하고 보완해야 할 점을 찾는 데 큰 도움을 줄 수 있다.

그러나 이스라엘 모델이 우리 실정에 맞는가 하는 의문도 제기된다. 현재 우리가 이스라엘 경제에 보이고 있는 호의적인 관심이 지나친 것은 아닌지, 우리가 이스라엘에 대해 과대평가하고 있는 것은 아닌지 혹은 이스라엘과 우리의 상황이 다르다는 점을 고려하지 않고 무조건적으로 이스라엘을 배워야 한다고 주장하는 것은 아닌가에 대한 의문이다. 이스라엘 경제와 관련된 수많은 세미나에서 논의되고 있는 대로 후츠파 정신만 있으면 우리의 창조경제는 저절로 날성될 수 있는가? 그와 같은 후츠파 정신이 우리의 교육 시스템에서 가능한 것인가? 그러한 창의적이고 모험적인 국민성을 어떻게 가질 수 있을까?…… 등에 대한 논의 없이 후츠파만 강조하는 것은 어쩐지 공허하게 느껴진다.

사실 냉엄한 경제 현실에 대한 교육을 제대로 받아본 적이 없는 우리 청년에게 이스라엘 벤처 창업의 긍정적인 면만을 보여주고 무조건 창업만 강조한다면, 그 자체가 매우 비현실적이고 사회적인 낭비가 될 확률이 높다(육동인, 2013). 창업의 활성화를 위해 실패를 지원하는 사회적 문화를 조성해야 한다는 주장도 한국의 창조경제 도전 과정에서 가장 어렵게 다가오는 부분이다. 그러한 사회 분위기는 교육 시스템과 밀접한 관계를 지니고 있는 동시에 제도적인 부분과도 연관되어 있기 때문이다. 현행 연대보증 제도 하에서 창업을 권장할 수 있는가에 대한 의문은 좋은 예이다. 창업 자금의 지원 문제도 어렵게 보인다. 현재 엔젤 투자와 같은 초기 창업 자금 지원이 부족할 뿐만 아니라 벤처캐피털은 주로 기업 공개 직전의 기업에만 투자하는 보수적 투자 행태를 보여 신생 벤처기업의 창업 초기 단계에 대한 자금 공급은 부족하기 때문이다(이기섭, 2013).

다른 요인도 주목해야

이스라엘 경제의 성공 요인은 앞의 내용이 전부가 아니라는 점도 주목할 필요가 있다. 첫째, 하이테크 산업에 대한 체계적인 정부의 정책적 지원이다. 이스라엘은 1984년 '산업 연구 발전 촉진법' 이후 우수한 두뇌와 인력을 활용한 하이테크 산업을 육성하는 전략을 지속적으로 추진하고 있다. 정부의 일관성 있고 지속적인 정책적인 지원은 이스라엘 경제 성공의 기초가 되었다는 주장이다. 이스라엘 산업통상노동부 산하에 있는 수석과학관실(OCS, Office of the Chief Scientist)의 역할은 그 좋은 예이다. 이곳은 연간 100억 달러의 예산을 가지고 창업을 지원하며, 특히 환경기술, 생명공학 등 10~15년 앞을 내다보는 고위험 프로젝트에 예산의 70%를 집중한다. 이것은 모험적인 분야에 정부 정책과 지원이 필요한 이유를 잘 보여주는 사례다. 70년대 해수의 담수화 프로젝트, 80년대 원자력 안전 기술, 90년대 IT벤처 육성, 2000년대 인터넷 보안기술 등이 모두 10년 앞을 미리 내다 본 OCS의 작품이다(김기현 외, 2013).

둘째, 외부 인력의 유입과 활용에 적극적인 정책 추진이다. 이스라엘은 엔지니어 비율이 인구 1만 명당 140명으로 세계에서 가장 높은 국가이다. 그럼에도 다양한 인재 유치 정책을 펴고 있다. 외국에 나간 이스라엘 인재의 유치가 해외 인재를 충원하는 주요 루트이다. 예를 들어 1990년대에 70만 명 이상의 러시아계 유대인을 받아들인 이스라엘 사회는 이민자 유입을 통해 도약할 수 있는 계기를 마련했다. 이스라엘은 구소련 해체 시 이주한 사람들 중 연구 경력이 풍부한 대학교수, 과학자, 엔지니어들에게 일자리를 제공하고 창업을 장려하기 위한 다양한 프로그램을 시행하여 이스라엘의 첨단산업 수준을 빠르게 성장시켰을 뿐만 아니라 벤처기업이 꽃을 피울 토대를 마련했다. 또한 2008년 글로벌 금융 위기 당시에도 해외에서 어려움을 겪고 있는 이스라엘 출신 학자들에게 일자리와 연구비를 제공해 3,000여 명의 젊은 학자들이 이스라엘로 돌아올 수 있게 하였다.

셋째, 유대인 네트워크이다. 이스라엘 사례는 유대계 자본과 네트워크라는 특이성을 감안할 때, 한국과는 진화 과정이 달라 벤치마킹에 한계가 있다는 주장도 존재한다. 이러한 주장은 이스라엘 벤처의 성공이 미국의 유대계 자본과 밀접하게 연관되어 있으며, 이스라엘의 주요 벤처투자가는 전 세계의 유대계 기업들이라는 점에 주목한다. 예를 들어 구글, 인텔. 마이크로소프트 등 미국 실리콘 밸리에 있는 수백 개의 첨단 IT회사들은 이스라엘에 연구소를 두고 있으며, 여기서 개발된 핵심 기술들이 실리콘 밸리를 통해 상업화된다. 이는 이스라엘의 IT 수준이 높기 때문이기도 하지만, 실리콘 밸리를 움직이는 상당수의 유대인 실력자들이 이스라엘과 끈끈한 연대감을 갖고 있어 유대계의 세계적 기업들과 유대계 벤처 자본이 모국에 투자를 한 것으로 볼 수 있다는 것이다. 세계 IT 산업의 두 축이라 불리는 미국의 실리콘 밸리와 이스라엘의 텔아비브가 모두 유대인의 놀이터라는 말이 나올 정도로 유대인 파워가 막강한 곳이라는 점은 결코 우연이 아니다(육동인, 2013). 세계적으로 유대계 자본과 미국 시장 접근성이라는 창업 인프라를 갖춘 국가는 이스라엘이 유일하다는 주장도 같은 맥락이다. 이 중 유대인 네트워크에 관한 내용은 이스라엘이 지니고 있는 독특한 상황이라는 점에서 주의 깊게 볼 필요가 있다. 이스라엘 벤처캐피털을 떠받치고 있는 유대계 자금의 특수성은 좋은 예이다. 자신들의 '정신적 국가'에 투자하는 것인 만큼 상대적으로 관대할 수밖에 없다는 것이다. 이는 창조경제의 선구자인 호킨스(Howkins) 박사가 이스라엘을 창조경제 모델로 탐탁지 않게 보는 이유 가운데 하나이기도 하다. 그는 "이스라엘은 전자공학, 생명공학 등에서 앞서 있지만 유대계 미국인의 투자라는 배경을 가지고 있는 등 정치·경제·문화적 구조가 한국과 다르다."고 주장한다. 예컨대 이스라엘에서는 유대계 자본이 초기 이스라엘 벤처에 투자하고 기술사업화에 성공하면 인수·합병을 통해 자금 선순환의 물

꼬를 터주고, 유대계 기업들을 활용해 세계 시장 진입에 성공하면 유대인 네트워크가 나스닥 상장의 길을 열어준다. 결국 이스라엘 국내 산업 인프라의 취약성을 미국의 유대인 네트워크가 메워주는 것으로, 한국에 그대로 적용하기는 불가능한 모델이라고 주장하는 것도 같은 맥락이다(이민화, 2013).

사실상 미국의 유대인들은 이스라엘 경제에 막대한 영향을 줄 뿐 아니라 이스라엘과 미국의 '특별한 관계'를 만들어 주는 힘의 원천이기도 하다. 미국이라는 초강대국이 국채 보증을 서주는 나라, '작은 미국' 이스라엘은 모든 면에서 미국과 밀접한 관계를 맺고 있다. 따라서 마이크로소프트, 구글, 페이스북 등 미국의 주력 정보통신 기업들이 최근 이스라엘 벤처들을 인수·합병하고 투자하는 현상은 "이스라엘의 정보통신 기술이 뛰어나다는 사실만으로는 설명하기 힘들다."는 것이다. 미국과 이스라엘 사이의 전략적 동반자 관계, 유대인의 미국 정치에 대한 막대한 로비, 미국인이 이스라엘에 대해 가지고 있는 우호적 정서들이 복합적으로 작용하고 있기 때문이다. 이러한 관계는 다른 나라에서 모방하거나 참조하기 어려운 특수한 조건이다(김병권, 2013). 이스라엘의 창조경제를 벤치마킹할 때 이스라엘만 봐서는 안 되고 전 세계 유대인 네트워크를 고려해야만 하는 이유이다.

창업 경제의 고민도 참고하자

한편으로는 이스라엘이 과연 창조경제의 모델인가에 대한 의문이 제기되기도 한다. 첫째, 이스라엘에서 개발된 혁신적 기술은 많지만 그 기술을 이용해 세계적 기업으로 성장한 사례는 거의 없기 때문이다. CPU 칩은 인텔, 디지털 인쇄는 휴렛패커드 등 이스라엘 기술로 세계 시장을 주도해 온 기업은 대부분 외국 기업이다. 기업들은 시장 규모와 인력 수급 등에서 어려움을 겪기 때문에 지속적으로 사업을 키우기 보다는 세계적인 대기업에 회사를 팔고 떠나는 경우가 많다. 우수한 기술을 직접 제조해 시장에 내다팔면 더 큰 수익을 거둘수 있음에도 제조 능력이 뒷받침되지 않아 다른 기업에 로열티를 받고 파는 것에 만족해야 하는 상황이다. 둘째, 창업 자금을 대주는 소액 엔젤투자는 활발한 반면 기업 성장에 필요한 투자는 잘 이루어지지 않는다는 점도 문제로 지적되고 있다. 벤처기업인들도 기업을 키우는 데 관심이 없다. 이들의 목표는 대부분 신기술을 개발한 뒤 곧바로 회사를 외국 기업에 팔아 목돈을 거머쥐는 것이다. 성공한 벤처기업의 80%가 외국 기업에 인수된다. "이스라엘의 기술 개발은 미국, 유럽 기업들을 위한 것"이라고 할 정도이다. 셋째, 최근에는 벤처기업들이 장기적인 사업 구상과 비전 없이 기술 개발만 하는 데 대한 우려의 목소리도 커지고 있다. 혁신적인 기술이 관련 산업 요성과 고용 창출로 이어지지 않는다는 것으로 이스라엘 경제의 고민이 되고 있다. 다시 말해 활발한 벤처 열풍의 과실이 국내 경제에 선순환을 일으키지 못한다는 것이다(김기천, 2013). 이 밖에 조직 구성원들이 각자 자기 의견이 있어 다양성과 개성을 살릴 수 있는 것도 좋지만, 이는 달리 보면 일체감을 갖고 움직이는 데 많은 절차와 비용이 수반된다는 뜻이기에 문제점으로 지적될 수 있다. 자연히 시간도 지연되어 효율성의 측면에 대해서 달리 생각해볼 필요도 있는 것이다. 이스라엘에서 배울 건 배우더라도 그 강점과 약점, 현상과 이면을 제대로 봐야 한다는 주장이다(이석봉, 2013).

유대인이 강력한 종교, 숱한 전쟁을 통해 얻은 DNA가 한국적 상황에 무조건 부합되는 것은 아니라는 지적도 주목할 필요가 있다. 아무리 좋은 정책과 아이디어라도 현지 상황을 고려하지 않는다면 실패할 가능성이 높다. 이스라엘의 아비하손 수석과학관은 "이스라엘의 뛰어난 혁신 성과를 배우기 위해 이스라엘을 그대로 모방하는 것은 불가능하며, 자신만의 자산과 능력, 문화를 고려해서 적합한 설계를 해야 한다."고 말한다. 우리나라에는 이스라엘을 지원하는 전 세계 유대계 네트워크와 같은 것이 없고, 국가가 성장한 문화·환경적 배경이 다르기 때문에 우리나라의 환경과 문화를 고려한 벤처 육성 모델이 필요하다는 주장도 있다. 우리와 이스라엘 경제 형태나 시스템 자체가 다르기 때문에 성급히 성과를 기대하기보다는 우리에게 필요한 부분을 적절하게 찾아내 조합해 내는 것이 필요하다는 주장도 같은 맥락이다. 이와 함께 이스라엘을 배우자는 최근의 기조가 자칫 허황된 정책으로 나아가는 것은 아닌가 하는 우려가 들기도 한다. 이스라엘과 상이한 토양에서 그들을 벤치마킹한다고 하루아침에 우리나라가 창조경제를 이룰 수 있는 것은 아니기 때문이다. 몇 가지 예를 들어 보자.

한국 인터넷 벤처 창업가에게 "왜, 한국 벤처는 이스라엘처럼 안 되는가?"라고 질문했더니 "이스라엘에는 NHN이 없기 때문이다."고 답했다고 한다. 한국에서는 새로운 벤처가 성장하려고 하면 NHN으로 상징되는 대기업이 유사한 서비스를 만들어 벤처가 개척한 시장을 잠식하기 때문에 벤처가 설 자리가 없고 고사할 수밖에 없다는 의미이다(김유림, 2012). 대덕특구의 상황도 좋은 예이다. 창업을 장려하는 기본 토양이 안 돼 있는데 연구소 몇 개 모아 놓았다고 실리콘 밸리가 될 수는 없다. 지난 10년간 2만 개 이상의 창업 기업을 길러낸 실리콘 밸리나 나스닥 상장기업만 200개 이상을 낳은 이스라엘의 하이파클러스터와는 달리 대덕특구는 '창업의 황무지'인 것으로 나타났다. 한 연구원은 "대덕특구의 창업 시장은 사실상 죽은 상태"라며 "창업에 대한 지원도 적은 데다 창업 후에는 아예 관심이 끊어버리는 구조에서 '한국의 실리콘 밸리'는 요원하다."고 말한다(남윤선, 2011).

우리가 유대인과 이스라엘을 벤치마킹하여 창조경제를 만들어 가려면 그 뿌리부터 받아들여야 하는데 과연 정부가 이에 대한 마스터플랜을 가지고 있는가 하는 의문이 제기되기도 한다. 위로 드러난 것을 벤치마킹하면 성공을 거둘 수 없고, 뿌리부터 벤치마킹하려면 오랜 시간이 걸리기 때문에 성공하기 힘들 것이라는 예상도 같은 맥락에서 이해될 수 있다.

창조경제를 위하여

최근 우리나라에서 화두가 된 키워드가 있다면, 그것은 창조경제일 것이다. 그러나 그 기본 개념이 모호하고, 어떤 방향으로 어떻게 가야할 지에 대해 명확히 잡히는 게 없어 창조경제는 전국민적인 공감대를 이끌어내지 못했다는 비판을 받았다. 정치권에서는 개념의 모호함으로 정권 초기 당·정·청 워크숍에서 비판이 일었으며, 야당은 창조경제를 주장하는 것이 정치적 구호에 불과하다고 비판했다. 한 신문 사설에 따르면 청와대가 정부 부처들에 창조경제 실천 방안을 제출하라고 했더니 기존 사업에 '창조'라는 글자만 붙여 오는 경우가 대부분이었다고 한다. 일각에서는 이전 정부가 녹색성장을 주장하며 자전거 도로를 만들었던 전시행정을 그대로 답습하는 모양새라고 주장하기도 했다. 한 경제 단체의 설문조사에서도 국민의 절반 이상은 "개념조차 생소하다."고 답했으며, 미래창조과학부 장관은 국정 감사에서 창조경제 용어 설명을 하는 데 시간을 다 허비했다고 말했을 정도이다.

이는 무엇보다 창조경제의 개념이 추상적이고, 구체적으로 무엇을 목표로 어떤 정책을 추진하려는 것인지 쉽게 다가오지 않기 때문이며, 그 내용과 명칭 때문에 비롯된 것으로 보인다. 첫째, 창조경제에 대한 내용이 예전에 하던 것과 크게 다르지 않다는 점을 지적할 수 있다. 지금까지 정부가 추진해 온 정보통신기술(ICT)의 진흥, 지식기반형 경제와 어떤 차이가 있느냐는 것이다. 둘째, 창조경제라는 명칭이 가져오는 혼란이다. 영화, 음악, 패션, 디자인 개발과 같은 문화산업을 중심으로 창조경제라는 용어를 처음 주창한 호킨스와 달리 우리나라의 창조경제는 문화산업에 집중하지 않고 과학기술과 문화산업, 그리고 ICT를 융합하는 확장된 개념으로 접근하고 있기 때문이다. 이를 토대로 현 정부가 주장하는 창조경제를 요약하면 "창조적 혁신을 통해 새로운 성장 동력을 창출함으로써 우리 경제의 부가가치와 생산성을 높여 성장과 고용을 창출하는 성장 패러다임"이라고 할 수 있다.

창조경제를 주장하는 사람들은 "우리에게 지금 부여된 시대적 과제는 그저 열심히 하는 것이 아니라 더 혁신적으로 일해야 한다."는 인식에서 출발한다. 창조적 혁신을 통해 산업과 산업, 산업과 문화가 융합함으로써 신(新) 성장 동력을 창출하여 부가가치를 높이고 일자리를 창출하는 창조경제를 실현해야 한다는 주장은 성장 패러다임의 전환이라는 점에서 중요한 의미를 지니고 있다. 우리 경제가 성장하기 위해서는 더 이상 노동과 자본 등 요소 중심의 양적 성장에 의존해서는 안 되며 혁신을 통해 새로운 가치를 창조해야 하기 때문이다. 이러한 인식은 최근 미국, 일본, 영국 등의 경제 정책에서도 잘 나타난다. 즉, 이들은 공통적으로 과학기술 기반의 성장 동력과 함께 국민의 잠재된 창의성과 아이디어 등을 활용해 새로운 산업과 일자리 창출 등 경제적 가치 창출을 위한 창조경제 활성화에 초점을 맞추고 있다(이민화, 2013).

정부는 창조경제론에 기반을 둔 정책의 개발과 도입에 박차를 가하고 있으며, 기업들은 창조경제론에 의해 변화하거나 새로 도입되는 정책들을 예측하는 데 신경을 곤두세우고 있다. 창조경제의 추진을 위해 정부는 향후 5년간 40조원을 투입해 벤처기업의 창출, 창조적인 기술 및 아이디어 창출 환경 조성, 정보과학 기술과 전통 기술과의 융합 등을 진행할 계획을 발표했으며, 다양한 정책을 펼치고 있다. 금융 분야에서는 지금까지 불충분했던 창업 및 성장 초기 단계에서의 자금 공급을 원활히 하려는 목적으로 기업 및 벤처기업의 성장을 지원하는 '미래창조펀드'와 '성장사다리펀드'를 설립하였다.

창조경제가 성공하려면 기업과 대학, 정부출연 연구소, 정부 등 핵심적 혁신 주체들이 비전을 공유하고 서로의 벽을 허물어 힘을 모아야 한다. 역대 정부의 혁신 전략들이 큰 성과를 내지 못한 이유도 이런 노력들이 부족했기 때문이다. 정치가, 기업가, 금융인들이 이권을 따지고, 어느 지역, 누가 정부로부터 더 많은 지원과 자금을 지원 받을 수 있을까에 촉각을 곤두세워서는 창조적 혁신이 이루어질 수 없다. 혁신의 주체들 중에서 가장 중요한 것은 기업이다. 다른 분야에서 혁신이 잘 된다고 해도 최종적으로 혁신의 성과가 중소·중견 기업과 대기업들에 이전되어, 기업에서 글로벌 경쟁력을 갖추고 세계 시장을 주도할 수 있도록 하는 혁신이 완성되지 않으면 성장도 고용도 일어날 수 없기 때문이다(이기섭, 2013). 다른 혁신 주체들은 창조경제를 실현하기 위한 인프라와 여건을 조성하는 데 주력해야 하며, 다음과 같은 부문에 주목할 필요가 있다.

첫째, 창업이 쉽게 되는 생태계의 조성이다. 이는 창업을 위한 자금 지원 생태계와 유기적 창업 인프라 구축으로, 창업 준비부터 성장, 회수에 이르기까지 단계별로 필요한 자금과 기술 및 멘토링 등을 지원하는 등 손쉬운 창업 기반을 제공하는 것을 의미한다. 최근 '아이디어 사업화'를 촉진하는 창조경제 정책이 본격적으로 추진된 이후 벤처기업의 수과 대학생 창업 동아리 수가 증가한 것은 고무적인 현상으로 볼 수 있다. 그러나 단순히 창업 기업 수가 증가한 것에 만족하지 말고, 창업 기업이 더 내실 있는 기업으로 성장하고 지속적으로 성과를 내도록 지원하는 것이 더 중요하다. 창업 기업이 지속될 수 있는 가능성이 낮아지면 실질적인 성과가 나오기 힘들기 때문이다.

둘째, 실패를 용인해 주고 실패하더라도 실패의 경험을 자산 삼아 언제든 재도전 할 수 있는 사회 분위기를 구축해야 한다. 『창업국가』라는 책에서도 한국이 2000년 이후 이스라엘에 뒤쳐진 것도 "실패를 용인하지 않는 체면 문화" 때문이라고 주장하고 있듯이 실패에 관대한 문화는 창조경제 달성에 중요한 요소이다. 우리의 경우 많은 젊은이들이 창업에 뜻을 품고 있다고 하더라도 선뜻 도전하지 못하고 있으며, 수많은 창업자가 한두 번의 실패로 신용불량자로 전락하고, 재기에 어려움을 겪고 있는 상황이다. 사실 '높은 위험 큰 수익' 구조의 벤처 생태계는 실패가 있기 마련이다. 그러나 사회가 실패를 수용하지 못하면 창조는 사라진다. 오늘날 실리콘 밸리의 가장 중요한 포인트는 "실패를 두려워하지 않는다."인 점을 되새길 필요가 있다. 또한 패자부활전을 허용하지 않는 문화는 혁신적 창업가들의 등장에 장애 요인으로 작용한다는 점에도 주목할 필요가 있다. 실패에 대한 용인의 분위기와 제도 조성을 위해서는 정부의 역할이 중요하다. 아무도 위험을 감수하지 않으려는 시장에서 누군가는 위험을 부담할 여건을 만들어야 하기 때문이다.

셋째, 창의적 아이디어에서 비롯된 지식재산의 가치가 정당하게 보상받고 안전하게 보호 유통될 수 있도록 법과 제도가 개선되어야 하는 등 '공정한 룰'이 마련되어야 한다. 이는 창조경제의 전제조건이기도 하다. 아이디어의 가치가 폄하되고 아이디어 도둑질이 용납되는 사회에서 창조경제가 꽃을 피울 수는 없다. 이와 비슷한 맥락에서 중소기업과 대기업이 공정하게 경쟁하고 협력할 수 있도록 불합리한 관행을 개선하고 성과를 공유하는 등 상생의 환경을 만들어야 한다. 대기업이 사람과 기술을 빼가고 정부는 이를 지켜보기만 하는 상황에서는 창조경제가 이루어질 수 없기 때문이다.

넷째, 창의적 인재 양성을 위한 교육제도의 혁신이다. 창조적 인력은 창조경제의 가장 중요한 핵심 동력이다. 그런데 우리의 교육 현장은 "18세기 선생이 19세기 교실에서 20세기 학문을 21세기 아이들에게 가르치는 곳이 있다면 그곳이 바로 대한민국의 학교"라는 자조 섞인 농담이 유행하고 있을 정도로 후진적이다. 무엇보다 획일적이고 주입식으로 진행되는 입시 위주의 교육으로는 창조경제를 이룰 수 없다는 인식 하에 교육제도를 근본적으로 개혁하여 창의적이고 개성 있는 인력을 양성해야 한다. 누구나 가지고 있는 재능을 찾아주고 그 재능을 키워주는 교육에서 창조적 인재가 탄생할 수 있다. 이와 함께 융합 시대에 맞추어 대학 교육은 통섭형 교육으로 변경되어야 한다. 오늘날 과학기술 분야에서 경쟁력을 높이기 위해서는 융합적 사고력을 바탕으로 창의적 감성까지 갖춘 인재가 요구되고 있기 때문이다.

창조경제가 성공하려면 무엇보다도 온 국민과 기업의 '혁신하려는 의욕'이 넘쳐나야 하며, 5년을 넘어 중장기적으로 끌어갈 수 있는 사회적인 분위기가 필요하다. 이스라엘에서도 벤처 생태계를 활성화하는 데 10년이 넘게 걸렸듯이 현 정부의 창조경제 구상도 임기 안에 성과를 내려 하지 말고 긴 안목을 갖고 풀어가야 한다. 그렇지 않으면 정권만의 잔치로 끝나 버릴 가능성이 높다. 역대 정부가 추진하였던 벤처 산업 육성, 지식기반 경제, 혁신경제, 녹색경제 등 대한민국을 변모시키겠다는 집권 초기의 거대 구상들은 요란하게 시작되었지만 모두 구호에 그치고 만 것이 좋은 예이다.

지금 우리는 정부가 창조경제를 들고 나왔기 때문에, 정부 주도하에 억지로 끌려가고 있는 것 같다는 인상을 지울 수 없다. 창조경제가 철저한 관(官) 주도 사업이라는 비판이 존재하는 것이 그 좋은 예이다. 대통령 주연에 미래창조과학부를 중심으로 한 일부 경제부처 관료들이 조연으로 참여하고, 실제 주역인 기업은 청와대 등쌀에 마지못해 시늉만 낼 뿐이라는 지적이다. 관가에 등장한 창조개혁기획단, 창조정책부, 창조경제문화팀, 창조경제사업본부 등은 모두 창조경제에 맞춰 새롭게 만들어지거나 기존의 부서를 개명한 것이어서 창조경제와 얼마나 연관이 되는가에는 의문이 뒤따른다. 2014년 창조경제 예산 중 이전 정부의 녹색사업을 그대로 베낀 게 30%를 웃돌아, 창조경제라고 부르기조차 민망할 정도라는 지적도 같은 맥락이다(박문규, 2013).

그러나 창조경제는 민간에서 주도해야 한다. 융합과 혁신은 자율과 경쟁을 핵심 가치로 하는 시장에서만 일어나며, 기업보다 시장을 더 잘 아는 곳은 없기 때문이다. 게다가 기업은 훨씬 더 창조적이다. 옛날처럼 정부가 시장을 주도할 수도 없다는 점에서 정부는 민간을 돕는 역할을 해야 한다. 실패를 전제로 하는 '창조'와는 거리가 먼 조직 특성상 정부가 창조경제를 주도하긴 어렵다. 정부가 창조경제를 한다고 해서 갑자기 창의적인 아이디어가 쏟아져 나올 리 없으며, 일자리 창출이 획기적으로 증가되는 것도 아니다. 대부분의 청년들이 '창업'할 수 없는 마인드를 가졌는데, 창업만 한다고 모든 문제가 해결될 리도 없다. 물론 창조경제의 기본 틀을 제도화하는 것은 정부의 몫이다. 정부가 할 일은 창의와 혁신이 제대로 작동할 수 있는 환경을 조성해 주는 것이다. 벤처 생태계를 조성한다든지, 생산한 제품의 해외 판로를 개척하도록 정보를 돕는 부수적인 역할이 그것이다. 그러나 창조경제를 위해서 정부의 개입은 최소화해야 한다. 창조경제를 위해서 정부가 할 수 있는 것과 할 수 없는 것을 구별할 필요도 있다. 그래야 창조경제가 살아날 수 있다. 새로운 기술이 개발되고 혁신이 촉진될 수 있는 환경을 조성해주는 것은 당연히 정부의 역할이지만, 그러한 환경 속에서 기업과 개인이 마음껏 도전적으로 새로운 사업을 벌이고 경쟁하면서 스스로의 혁신을 통해 일자리를 만들어내는 것이 창조경제가 성공을 거두는 지름길이기 때문이다.

참고문헌

〈국내〉

강영수, 『뒤집어서 읽는 유태인 오천년사』, 청년정신, 1999.

강태영·김영훈·이원재, 『창조경제 이스라엘에서 배운다』, 포스코경영 연구소, 2014.

강현우, "이스라엘 키운 건 뻔뻔한 '후츠파' 정신", 「한국경제신문」, 2011. 6.27.

강현우, "창업왕국 이스라엘", 「한국경제신문」, 2011. 6.28.

강현우, "이스라엘은 기술벤처 창업 산실", 「한국경제신문」, 2013. 6.28.

남윤선, "창업 6주년 고작 153개……'벤처 DNA'가 사라졌다", 「한국경 제신문」, 2011. 3.28.

권대경, "특별인터뷰: 오세정 기초과학연구원장", 「서울경제」, 2013. 8.5.

김기동, "이스라엘 창조경제 비법은 글로벌 시각과 토론식 교육", 「세계 일보」, 2013. 4.25.

김기현·김헌식, 『창조경제의 창조산업』, 범한, 2013.

김기천, "이스라엘이 '창조경제' 모델인가", 「조선일보」, 2013. 5.10.

김남주, "이스라엘, 황무지에 꽃 피운 최첨단 산업국", 「아시아엔」, 2013. 11.8.

김동현, "창조형 인재 어떻게 키우나", 「한국경제신문」, 2013. 11.6.

김보람, "잠재된 장점 찾아 '한국형 팔피오트'로 정착을", 「국방일보」, 2014. 2.9.

김병권, "한국경제와 이스라엘 경제의 유사점과 차이점", 「새사연 이슈 진단」, 2013. 4.11.

김욱, 『탈무드에서 마크 저커버그까지』, 더숲, 2012.

김유림, "농업유전자 정보를 손안에", 「주간동아」, 2011. 5.23.

김유림, "벤처왕국의 비밀 03", 「주간동아」, 2011. 5.23.

김유태, "창조경제 현장 이스라엘을 가다①", 「매일경제신문」, 2013. 4.23.

김유태, "창조경제 현장 이스라엘을 가다②", 「매일경제신문」, 2013. 4.25.

남윤선, "대덕밸리 창업 6년간 고작 153개……'벤처 DNA'가 사라졌

　　다”,「한국경제신문」, 2011. 3.28.

류지영, “한국형 창조경제 성공으로 가는 길(1부)”,「서울신문」, 2013. 7??

막스 디몬트,『유태의 역사』, 김용운 옮김, 대원사, 1990.

박문규, “대통령도 모르는 창조경제”,「경향신문」, 2013. 12.23.

박재선,『제2의 가나안 유태인의 미국』, 해누리, 2002.

박현, “재미동포들의 정치력 신장 운동”,「한겨레」, 2014. 2.6.

박현영·이수기, “벤처 선진국에서 배운다”,「중앙일보」, 2012. 2.8.

성일광, “생명과학 유독 강한 이스라엘, 왜?”,「아시아인」, 2013. 12.6.

소병수, “이스라엘에서 창의력을 묻다”, 삼성그룹블로그, 2013.

소병수, “이스라엘 출장기”, 삼성그룹블로그, 2013.

손혜신,『유대인 & 이스라엘 있는 그대로 보기』, 선미디어, 2001.

송종호, “창조경제, 체인지 코리아: 독일·이스라엘 모범 사례를 찾아서”,「아주경제」, 2013. 10.22.

오동희, “전경련 창조경제 탐방 시리즈(3)”,「머니투데이」, 2013. 4.25.

왕핑,『유대인에게 배우는 지혜 84』, 김락준 옮김, 푸른물고기, 2009.

외교부,『이스라엘 개황』, 2010.

육동인,『누구나 인재다: 유대인과 이스라엘, 그들의 창조경제를 엿보다』, 북스코프, 2013.

윤종록, “유대인의 창조정신”,「전자신문」, 2013. 1.16.

윤종록,『후츠파로 일어서라』, 하우, 2014.

이기섭,『창조경제와 R&D 전략』,「매일경제신문」, 2013.

이민화, “한국적 벤처생태계, 대기업에게 달렸다”,「한국경제신문」, 2013. 6.20.

이민화·차두원,『제2한강의 기적 창조경제』, 북콘서트, 2013.

이석봉, “창업국가 이스라엘을 가다④”,「대덕넷」, 2013. 5.8.

이설, “이스라엘 현지 취재 ‘벤처 왕국의 비밀 02”,「주간동아」, 2011. 5.23.

이설, “이스라엘 현지 취재 ‘벤처 왕국의 비밀 04”,「주간동아」, 2011. 5.23.

이영선,『경제 기적의 비밀: 이스라엘은 어떻게 벤처왕국이 됐을까?』, 경향BP, 2012.

이재용, “창업대국 현장을 가다”,「서울경제」, 2013. 4.23.

이희상, "창조경제와 기초과학", 「세계일보」, 2014. 1.20.

~~임원기~~, ~~"모험~~과 열정의 텔아비브를 가다", 「한국경제신문」, 2013. 1.16.

전성수, 『부모라면 유대인처럼 하브루타로 교육하라』, 예담프렌드, 2012.

전성수, 『자녀교육 혁명 하브루타』, 두란노, 2012.

조연정, "유대인 교육이 새롭게 뜨는 이유", 「베스트베이비」, 2013. 9.

최병일, "왜 지금 다시 기업가정신인가?", 『기업가정신: 창조경제의 핵심』, 최병일·황인학, 한국경제연구소, 2013.

최재호, 『세상을 길라잡는 유대인』, 한마음사, 2008.

허용선, "세계 강소국 이스라엘을 배우자", 모아진 – 삶과 꿈, 2010. 6.17.

홍익희, 『유대인, 그들은 우리에게 누구인가』, 지식산업사, 2010.

힐 마골린, 『공부하는 유대인』, 권춘오 옮김, 일산이상, 2013.

〈해외〉

Gilder, George, "Silicon Israel", 「City Journal」, 2009, Summer.

Meinecke, Elisabeth, "How did Israel beat the economic odds?", 「Townhall Magazine」, 2013. 11.1

State of Israel, "Israel: A resilient global economy", www.investinisrael.gov.il

이스라엘과 창조경제

펴낸날	초판 1쇄 2015년 2월 25일

지은이	정성호
펴낸이	심만수
펴낸곳	(주)살림출판사
출판등록	1989년 11월 1일 제9-210호

주소	경기도 파주시 광인사길 30
전화	031-955-1350 팩스 031-624-1356
기획·편집	031-955-1365
홈페이지	http://www.sallimbooks.com
이메일	book@sallimbooks.com

ISBN	978-89-522-3091-1 04080

※ 값은 뒤표지에 있습니다.
※ 잘못 만들어진 책은 구입하신 서점에서 바꾸어 드립니다.

이 도서의 국립중앙도서관 출판시도서목록(CIP)은 서지정보유통지원시스템 홈페이지
(http://seoji.nl.go.kr)와 국가자료공동목록시스템(http://www.nl.go.kr/kolisnet)에서
이용하실 수 있습니다.(CIP제어번호: CIP2015004868)

책임편집·교정교열 : **홍성빈**

089 커피 이야기   eBook

김성윤(조선일보 기자)

커피는 일상을 영위하는 데 꼭 필요한 현대인의 생필품이 되어 버렸다. 중독성 있는 향, 마실수록 감미로운 쓴맛, 각성효과, 마음의 평화까지 제공하는 커피. 이 책에서 저자는 커피의 발견에 얽힌 이야기를 통해 그 기원을 설명한다. 커피의 문화사뿐만 아니라 커피에 대한 일반적인 정보 및 오해에 대해서도 쉽고 재미있게 소개한다.

021 색채의 상징, 색채의 심리

박영수(테마역사문화연구원 원장)

색채의 상징을 과학적으로 설명한 책. 색채의 이면에 숨어 있는 과학적 원리를 깨우쳐 주고 색채가 인간의 심리에 어떤 작용을 하는지를 여러 가지 분야의 사례를 통해 설명한다. 저자는 색에는 나름대로의 독특한 상징이 숨어 있으며, 성격에 따라 선호하는 색채도 다르다고 말한다.

001 미국의 좌파와 우파   eBook

이주영(건국대 사학과 명예교수)

진보와 보수 세력의 변천사를 통해 미국의 정치와 사회 그리고 문화가 어떻게 형성되고 변해왔는지를 추적한 책. 건국 초기의 자유방임주의가 경제위기의 상황에서 진보-좌파 세력의 득세로 이어진 과정, 민주당과 공화당의 대립과 갈등, '제2의 미국혁명'으로 일컬어지는 극우파의 성장 배경 등이 자연스럽게 서술된다.

002 미국의 정체성 10가지 코드로 미국을 말하다   eBook

김형인(한국외대 연구교수)

개인주의, 자유의 예찬, 평등주의, 법치주의, 다문화주의, 청교도 정신, 개척 정신, 실용주의, 과학·기술에 대한 신뢰, 미래지향성과 직설적 표현 등 10가지 코드를 통해 미국인의 정체성과 신념을 추적한 책. 미국인의 가치관과 정신이 어떠한 과정을 통해서 형성되고 변천되어 왔는지를 보여 준다.

058 중국의 문화코드

간지서(한국외대 연구교수)

중국의 핵심적인 문화코드를 통해 중국인의 과거와 현재, 문명의 형성 배경과 다양한 문화 양상을 조명한 책. 이 책은 중국인의 대표적인 기질이 어떠한 역사적 맥락에서 형성되었는지 주목한다. 또한, 구체적이고 실제적인 여러 사물과 사례를 중심으로 중국인의 사유방식에 대해 설명해 주고 있다.

057 중국의 정체성　　eBook

강준영(한국외대 중국어과 교수)

중국, 중국인을 우리는 과연 어떻게 이해해야 하나? 우리 겨레의 역사와 직·간접적으로 끊임없이 영향을 주고받은 중국, 그러면서도 아직까지 그들의 속내를 자신 있게 말할 수 없는, 한편으로는 신비스럽고, 한편으로는 종잡을 수 없는 중국인에 대한 정체성을 명쾌하게 정리한 책.

015 오리엔탈리즘의 역사　　eBook

정진농(부산대 영문과 교수)

동양인에 대한 서양인의 오만한 사고와 의식에 준엄한 항의를 했던 에드워드 사이드의 오리엔탈리즘. 이 책은 에드워드 사이드의 이론 해설에 머무르지 않고 진정한 오리엔탈리즘의 출발점과 그 과정, 그리고 현재와 미래의 조망까지 아우른다. 또한 오리엔탈리즘이 사이드가 발굴해 낸 새로운 개념이 결코 아님을 역설한다.

186 일본의 정체성　　eBook

김필동(세명대 일어일문학과 교수)

일본인의 의식세계와 오늘의 일본을 만든 정신과 문화 등을 소개한 책. 일본인을 지배하는 이데올로기는 무엇이고 어떤 특징을 가지는지, 일본을 주목해야 하는 이유는 무엇인지 등이 서술된다. 일본인 행동양식의 특징과 토착적인 사상, 일본사회의 문화적 전통의 실체에 대한 분석을 통해 일본의 정체성을 체계적으로 살펴보고 있다.

261 노블레스 오블리주 세상을 비추는 기부의 역사

예종석(한양대 경영학과 교수)

프랑스어로 '높은 사회적 신분에 상응하는 도덕적 의무'를 뜻하는 노블레스 오블리주. 고대 그리스부터 현대까지 이어지고 있는 노블레스 오블리주의 역사 및 미국과 우리나라의 기부 문화를 살펴보고, 새로운 시대정신으로 노블레스 오블리주를 부활시킬 수 있는 가능성을 모색해 본다.

396 치명적인 금융위기, 왜 유독 대한민국인가 `eBook`

오형규(한국경제신문 논설위원)

이 책은 전 세계적인 금융 리스크의 증가 현상을 살펴보는 동시에 유달리 위기에 취약한 대한민국 경제의 문제를 진단한다. 금융안정망 구축 방안과 같은 실용적인 경제정책에서부터 개개인이 기억해야 할 대비법까지 제시해 주는 이 책을 통해 현대사회의 뉴노멀이 되어 버린 금융위기에서 살아남는 방법을 확인해 보자.

400 불안사회 대한민국, 복지가 해답인가 `eBook`

신광영 (중앙대 사회학과 교수)

대한민국 사회의 미래를 위해서 복지는 선택이 아니라 필수라고 말하는 책. 이를 위해 경제 위기, 사회해체, 저출산 고령화, 공동체 붕괴 등 불안사회 대한민국이 안고 있는 수많은 리스크를 진단한다. 저자는 사회적 위험에 대응하기 위한 복지 제도야말로 국민 모두의 삶의 질을 높일 수 있는 길이라는 것을 역설한다.

380 기후변화 이야기 `eBook`

이유진(녹색연합 기후에너지 정책위원)

이 책은 기후변화라는 위기의 시대를 살면서 우리가 알아야 할 기본지식을 소개한다. 저자는 기후변화와 관련된 핵심 쟁점들을 모두 정리하는 동시에 우리가 행동해야 할 실천적인 대안을 제시한다. 이를 통해 독자들은 기후변화 시대를 사는 우리가 무엇을 해야 할 것인지에 대하여 생각해 볼 수 있을 것이다.

eBook 표시가 되어있는 도서는 전자책으로 구매가 가능합니다.

(주)살림출판사
www.sallimbooks.com
주소 경기도 파주시 문발동 522-1 | 전화 031-955-1350 | 팩스 031-955-1355